D1872922

BASTEI LÜBBE

Willy Breinholst

Liebe macht Spaß

Aus dem Dänischen von Werner Lüning

BASTEI LÜBBE

BASTEI-LÜBBE-TASCHENBUCH
Band 10167

Deutsche Erstveröffentlichung
© Copyright by Willy Breinholst
© Copyright für die deutsche Ausgabe
Gustav Lübbe Verlag GmbH, Bergisch Gladbach
Printed in Western Germany 1982
Einbandgestaltung: Roland Winkler
Illustrationen: Chris
Gesamtherstellung: Ebner Ulm
ISBN 3-404-10167-7

Der Preis dieses Bandes versteht sich einschließlich
der gesetzlichen Mehrwertsteuer

Dies ist die Geschichte von dem französischen Weinhändler Jean Pierre Macon, der eines Tages völlig unerwartet zu seiner scharfen jungen Frau in die Rue Pont-Neuf heimkommt.

Der bekannte französische Weinbergbesitzer und Weinhändler Jean Pierre Macon, ein Mann in den besten Jahren, befand sich auf einer Geschäftsreise zur Besichtigung seiner Weinberge im Departement Bordeaux. Eigentlich wollte er dort während der Traubenlese bleiben, aber plötzlich überfiel ihn die Sehnsucht nach Yvette, seiner hübschen, blutjungen Ehefrau in Paris so heftig, daß er es nicht länger ohne sie aushielt. Und was tut ein Franzose, wenn die Sehnsucht nach einer Frau in ihm überhandnimmt? Er wirft alles hin, was er geplant und vorbereitet hat, und beeilt sich, das Ziel seiner Sehnsucht in die Arme schließen zu können.

Kurz, Jean Pierre setzte sich in seine Luxuslimousine und raste zum nächsten Flughafen. Eine Stunde später saß er in der Linienmaschine nach Paris, ungeduldig und voller Erwartung.

Er hatte sich nicht einmal die Zeit genommen, ihr ein Telegramm zu schicken, daß er auf dem Wege zu ihr war. Der Leser hat allen Grund, dankbar dafür zu sein; denn hätte man Yvette, dieses bildhübsche Mädchen, rechtzeitig gewarnt, wäre der Verlauf unserer Geschichte bestimmt weit weniger dramatisch geworden.

Endlich landete Jean Pierres Maschine auf dem Pariser Flughafen Le Bourget, und eine Stunde später betrat Jean Pierre das große Etagenhaus in der Rue Pont-Neuf. Mit weit ausholendem Schritt stürmte er zum Fahrstuhl, wo ein großer, dunkelhaariger Herr mit einem ungewöhnlich gepflegten Schnurrbart und einem Bukett dunkelroter Rosen in der Hand die Fahrstuhltür gerade öffnete.

»Permettez, Monsieur«, rief Jean Pierre, »würden Sie mich bitte mitnehmen?«

Im Fahrstuhl warf Jean Pierre einen Blick auf die roten Rosen des Fremden und ärgerte sich darüber, daß er auf dem Wege zum Flughafen vergessen hatte, eine Aufmerksamkeit für Yvette zu besorgen, zum Beispiel ein Bukett dunkelroter Rosen. Der Fahrstuhl hielt im fünften Stock. Der große, dunkle Herr stieg aus, und Jean Pierre folgte ihm.

Und jetzt begann es dramatisch zu werden.

Jean Pierre zuckte zusammen, als der große, dunkle Herr völlig ungeniert auf die Matte vor die weißlakkierte Flurtür trat, an der ein großes Messingschild mit der Aufschrift *Jean Pierre Macon* befestigt war. Und er versteinerte beinahe, als der Fremde auf den Klingelknopf an der Tür drückte.

Schnell hastete Jean Pierre eine halbe Treppe weiter aufwärts, um von dort aus zu verfolgen, was jetzt geschehen würde.

Es geschah etwas ganz Einfaches: Die Tür wurde von seiner hübschen, jungen Yvette im Negligé geöffnet.

Yvette! Sein Schatz, seine heißgeliebte Yvette! Das war doch nicht möglich!

Sie warf einen flüchtigen Blick auf die dunkelroten Rosen.

»Rosen!« rief sie. »Sollen die wirklich für mich sein, liebster Henry? Ich bin überwältigt!«

Dann zog sie ihren geliebten Henry schnell in die Wohnung, und die Flurtür fiel ins Schloß.

Allmächtiger! Das war wirklich eine böse Überraschung.

Einen Augenblick lang stand Jean Pierre unschlüssig da, dann jagte er in langen Sätzen die Treppen hinunter. Wenige Augenblicke später stürmte er atemlos in ein Waffengeschäft.

»Schnell«, stieß er hervor, »einen Revolver! Aber bitte scharf geladen!«

»Gerne, mein Herr. Soll ich ihn einpacken, oder brauchen Sie ihn sofort?«

»Ich brauche ihn sofort!« knurrte Jean Pierre, warf ein paar Geldscheine auf den Tisch, griff nach dem Revolver und hetzte die Treppe zu seiner Wohnung im fünften Stock wieder hinauf. Mitten in der Zimmerflucht fand er seinen Rivalen Henry gerade damit beschäftigt, die Schnürsenkel seiner schwarzen Lackschuhe zu lösen. Eine äußerst verdächtige Handlung!

Jean Pierre sah sich nach Yvette um. Sie war nirgends zu sehen. Vielleicht holte sie gerade eine Vase, um die Rosen hineinzustellen? Jean Pierre hob den Revolver, um mit seinem Rivalen kurzen Prozeß zu machen.

»Nicht so eilig!« sagte der schockierte Henry mit einem bleichen Lächeln, während er langsam zurückwich und seine schmalen weißen Hände abwehrend ausstreckte.

»Warten Sie doch, Monsieur! Warten Sie! Sie liebt uns doch beide. Ich wage es zu behaupten, sie liebt uns beide gleichermaßen heftig!«

»Stinktier! Schurke! Verschonen Sie mich mit solchem Quatsch! Natürlich liebt sie nur mich, Elender. Ich könnte Sie durchlöchern wie ein Sieb, und, bei Gott, ich tue es auch.«

Jean Pierres Finger umspannte den Abzugshahn.

»Um Himmels willen! Ruhig Blut! Lassen Sie uns doch zunächst herausfinden, wen von uns sie mehr liebt. Mein Vorschlag! Sie tun so, als ob Sie mich erschießen und hinterher sich selbst. Wir lassen uns auf den Teppich fallen, sie kommt hereingestürzt, und derjenige von uns, über dessen Körper sie sich verzweifelt wirft, nun – den liebt sie mehr, der soll sie haben!«

Jean Pierre leuchtete der Vorschlag ein. Er feuerte zwei Schüsse an die Decke, und die beiden Männer ließen sich zu Boden fallen. Einige Sekunden vergingen, dann kam Yvette, die schöne, treulose Yvette in ihrem durchsichtigen, verführerischen Negligé hereingestürzt.

Jäh blieb sie auf der Türschwelle stehen und stieß, als sie die Situation begriff, einen gellenden Schrei aus.

Dann lief sie hinüber in ihr Boudoir. Sie hämmerte an die Tür ihres großen weißlackierten Kleiderschrankes.

»Komm ruhig heraus, liebster Maurice!« flüsterte sie erwartungsvoll. »Die beiden haben sich erschossen!«

»Wirst du denn nie begreifen, daß dich mein Kleiderschrank nichts angeht?«

SEXY

Dies ist die Geschichte von zwei draufgängerischen jungen Männern: dem Grafen Hannibal und dem einzigen Sohn des Bischofs Johannes, die die rothaarige Tochter des Holzschuhmachers schwängerten.

Der Gutsbesitzer, Graf Frederik von Silverkrantz auf Schloß Svengelborg, saß hinter seinem schweren, reich vergoldeten Barockschreibtisch mit eingelegten Intarsien und einem üppig verzierten walisischen Messingbeschlag. Er war gerade damit beschäftigt, die Geschäftsbücher seines Gutes durchzusehen, als es an der Tür klopfte und der junge Graf Hannibal, sein einziger Sohn, ins Zimmer trat. Mit bekümmertem, leicht flackerndem Blick näherte er sich dem alten Grafen, der mit einer schnellen Bewegung ein Pornomagazin zwischen die Geschäftsbücher schob, das Protokoll zuklappte, über seinen ergrauten Schnurrbart strich und den Blick des jungen Grafen festzuhalten versuchte.

»Mein Sohn«, sagte er tonlos, »du hast mich um ein Gespräch gebeten. Wo drückt dich der Schuh? Sprich frei von der Leber weg!«

Graf Hannibal blickte starr auf seine schwarzen, blankgewienerten Reitstiefel hinab.

»Vater«, sagte er, »ich weiß, es wird dich schockieren, aber . . . um ganz offen zu sein, ich fürchte, es ist etwas schiefgegangen. Ich habe Bolette, der Tochter des Holzschuhmachers unten im Dorf, ein Kind gemacht. Und jetzt droht sie damit, meine Vaterschaft an die große Glocke zu hängen. Es sei denn . . .«

»Es sei denn – was?«

Der alte Graf schnippte ungeduldig mit den Fingern. »Sprich es offen aus!«

»Es sei denn, sie läßt es sich wegmachen, und dazu ist sie bereit, wenn wir ihr 25 000 Kronen geben. Dann will sie alles vergessen.«

»25 000 Kronen! Das ist viel Geld, mein Junge, aber wir müssen an die Ehre unserer Familie denken!«

Der alte Graf zog eine Schublade des Barockschreibtisches auf, entnahm ihr ein Scheckheft und schrieb einen Scheck über die geforderte Summe aus.

Das war das erste Kapitel.

Es folgt das zweite.

Wir befinden uns in dem alten, stillen Fachwerkhaus des Bischofs. In seinem schweren, unbequemen Renaissancestuhl mit den feierlichen Schnitzereien sitzt der Bischof in seinem Studierzimmer über geistliche Schriften gebeugt, als vorsichtig an die Tür geklopft wird und ein ernster, bleicher junger Mensch hereinkommt: Johannes, der einzige Sohn des Bischofs und eingeschriebener Student der Theologie.

»Vater«, sagt er und begegnet dem strengen Blick seines Erzeugers, während er seine dünnen, bleichen Hände reuig vor der Brust faltet. »Vater, ich habe immer mit meinen Sorgen zu dir kommen können. Diesmal aber, Vater, sehe ich besonders schwarz. Du kennst den Holzschuhmacher in Svingelstrup und seine leichtsinnige Tochter, die rothaarige Bolette mit den üppigen Formen und dem frechen, herausfordernden Blick. Es fällt mir schwer, davon zu sprechen, Vater, aber . . . ja, in einem Augenblick der Unbesonnenheit und des unverzeihlichen Leichtsinns habe ich ihr ein Kind gemacht.«

Der Bischof greift hart um die unbequeme Lehne

seines Renaissancestuhls und versucht aufzustehen, aber es gelingt ihm nur mit knapper Not, sein bischöfliches Hinterteil ein paar Zentimeter vom Sitz hochzustemmen. Dann läßt er sich wieder fallen. Einige Sekunden sitzt er in schweigender Nachdenklichkeit da. Dann flüstert er mit mühsamer Beherrschung:

»Du hast ihr ein Kind gemacht? Und was, meinst du, ist jetzt zu tun?«

»Ja, Vater, man könnte es ja wegmachen lassen, aber solche Sachen kosten Geld, und ich wage nicht, meinen staatlichen Zuschuß vom Ausbildungsfond für die christliche Jugend dafür zu verwenden. Wenn du mir aber zehntausend Kronen Vorschuß geben könntest, bin ich fest überzeugt, daß das Mädchen die peinliche Sache in Ordnung bringt und wir uns darüber nicht weiter den Kopf zu zerbrechen brauchen.«

Der Bischof öffnet die intarsiengeschmückte Schublade des Schreibtischaufsatzes, entnimmt ihr ein Scheckheft und geht hinüber an sein hohes Empireschreibpult aus Mahagoni. Dort schreibt er den Scheck aus.

Das war das zweite Kapitel.

Es folgt das letzte.

In der bescheidenen, strohgedeckten Hütte am Dorfteich von Svingelstrup sitzt der Holzschuhmacher an seinem Arbeitsplatz in der engen, niedrigen Werkstatt. Seine einzige Tochter, die rothaarige Bolette mit dem mächtigen Busen, tritt ein.

»Vater«, sagt sie und streicht über ihren allzu kurzen Rock, »jetzt darfst du dich nicht aufregen. Du mußt versuchen, die Angelegenheit ruhig und beherrscht aufzunehmen. Denk an dein schwaches Herz! Ich weiß nicht recht, wie ich es dir beibringen soll, aber Tatsache ist, daß ich seit einiger Zeit klammheimlich mit dem jungen Grafen Hannibal und mit

Johannes, dem Sohn des Bischofs, zusammengekommen bin und – ich fürchte, es ist wieder einmal schiefgegangen.«

Das Handwerkszeug des Holzschuhmachers fällt zu Boden. Er tastet mit der Hand nach seinem Herzen und atmet einige Male schwer und pfeifend und schnappt nach Luft. Dann erhebt er sich, zieht sich seine Holzschuhe an, greift nach seinem Pullover und ruft: »Ist mein Fahrrad startbereit?« Seine kleinen, tiefliegenden wasserblauen Augen zwinkern Bolette zu:

»Nun ist höchste Eile geboten. Jetzt muß ich losstrampeln und die Schecks kassieren, ehe die Banken schließen.«

»Hilfst du mir eben mal mit meinem Reißverschluß?«

»Reg dich nicht auf, Henry! In zwanzig Jahren hat sie Krampfadern!«

Dies ist die Geschichte von der sexhungrigen Madame Colette, die einen Mann heiratete, dessen einziger Fehler darin bestand, daß sein großer Vollbart ihren Bauch furchtbar kitzelte. Jedesmal brach sie dabei in lautes Gelächter aus.

Bekleidet mit ihrem schicksten Nachmittagskostüm saß die nicht mehr ganz junge, aber noch immer attraktive Madame Colette an einem der unbequemen Miniaturtische im Café de la Paix und nippte an ihrem Aperitif, während sie mit einem abwesenden Ausdruck ihrer schönen Augen den unaufhörlichen Strom von Passanten beobachtete, der am Boulevard des Capucines und über den Platz vor der Oper vorbeihastete.

Zwar konnte man ihr nicht ansehen, daß sie bereits viermal verheiratet gewesen war und gerade von ihrem vierten Mann geschieden wurde, weil er sich geistiger Grausamkeit schuldig gemacht hatte. Nun war sie auf der Jagd nach dem fünften Ehemann.

Am Tisch neben Madame Colette saß ein Herr mit einem großen, modernen dunklen Vollbart. Ein eleganter Herr mit breiten Schultern, die in einem eleganten Anzug steckten, dem man den erstklassigen Pariser Herrenschneider ansah. Madame Colette schätzte ihn auf Mitte dreißig. Noch nie war sie mit einem Mann in den Dreißigern verheiratet gewesen, der einen so großen, so dunklen und so vornehmen Vollbart trug. Genaugenommen war sie überhaupt noch nicht mit einem Mann mit Vollbart verheiratet gewesen. Als sie ihn zufällig anblickte und er ihren Blick einige Augenblicke lang erwiderte, lächelte sie ihr bezauberndstes Lächeln, und das wollte schon einiges bedeuten. Es hatte auch die gewünschte Wirkung. Der elegante Herr erhob sich und trat an ihren Tisch.

»Excusez-moi, Madame«, lächelte er und deutete auf den freien Stuhl an ihrem Tisch. »Ist dieser Platz besetzt?«

Colette schüttelte verneinend den Kopf, und der Herr mit dem Vollbart nahm Platz.

»Die Aussicht von hier ist schöner«, sagte er und blickte Colette so tief in die Augen, daß sie züchtig errötete.

»Darf ich Sie zu einem Drink einladen?« fuhr der Herr fort.

»Avec plaisir«, erwiderte Colette mit einem Lächeln, angemessen reserviert.

Eine halbe Stunde später war es um den bärtigen Herrn geschehen. Er griff nach Colettes schlanker weißer Hand, führte sie an seine Lippen und hauchte einen leichten, eleganten Kuß darauf. Der Vollbart kitzelte, als er ihre zarte weiße Haut berührte, und sie mußte unwillkürlich lächeln. Der Herr mit dem Vollbart erlag ihrem bezaubernden Lächeln mit Glanz und Gloria.

»Madame«, sagte er, »verzeihen Sie meine Eile, aber ich kann keine Sekunde länger damit warten, meine Bitte vorzutragen: Wollen Sie meine Frau werden?«

»Peut-être bien«, lächelte Colette, und damit war die Sache beschlossen. So schnell, glatt und reibungslos geht es zu in der Traumstadt der Liebenden, wenn eine einsame Seele eine andere einsame Seele trifft und wenn diese beiden einsamen Seelen denselben

HERCULES

Wunsch haben: die Einsamkeit, die Sorgen, die Freuden und das Kopfkissen mit jemandem zu teilen.

In dieser Nacht verlor Madame Colette ihre Tugend zum fünften Mal, und zwar ohne jede Einschränkung. Um die Wahrheit zu sagen, sie verlor ihre Tugend in dieser Nacht mit kurzen Pausen mehrere Male nacheinander.

Nun gut, der Herr mit dem Vollbart heiratete Madame Colette, die wir von jetzt an Madame Château-neuf-du-Pape nennen wollen, so lautete nämlich der Name ihres Mannes. Früher hieß er ganz einfach Dupont, was etwa dem deutschen Meier, Müller oder Schmidt entspricht. Aber er fand den Namen zu gewöhnlich und schaffte sich deshalb zusammen mit dem imposanten dichten Vollbart den aristokratisch klingenden Namen Château-neuf-du-Pape an.

Madame Château-neuf-du-Pape genoß das Glück ihrer fünften Ehe. So glücklich wie dieses Mal war sie noch niemals gewesen. Die Hochzeitsreise ging nach Rom, wo sie das Kolosseum und die Spanische Treppe besichtigten und im übrigen so verliebt waren, wie man das von Hochzeitsreisenden kennt. Mehrere Monate vergingen, ehe Madame Château-neuf-du-Pape den ersten Fehler an ihrem fünften Mann entdeckte.

Nämlich seinen großen dunklen Vollbart.

Er kitzelte.

Er kitzelte, wenn er sie küßte.

Er kitzelte, wenn er . . . ja, also der Vollbart kitzelte ihren blanken Bauch, und wenn etwas Madame Colettes blanken Bauch kitzelte, begann sie zu lachen – und wer kann sich schon auf die verwegenen Variationen des Sexuallebens konzentrieren, wenn man sich dabei kaputtlacht? Colette nicht, Colette wahrhaftig nicht! Non, monsieur. Sie bat ihn, den großen, kratzenden, dummen Vollbart abzunehmen, aber er war so stolz darauf, daß er sich schlankweg weigerte, ihren Wunsch zu erfüllen.

Was tat nun Madame Château-neuf-du-Pape?

Ließ sie sich noch einmal scheiden? Schaffte sie sich einen Liebhaber ohne Bart an? Nein, wo denken Sie hin! Sie liebte noch immer ihren großen, eleganten Mann, und es wäre ihr nicht einmal im Traum eingefallen, einen so drastischen Schritt zu tun, wie es eine Scheidung gewesen wäre. Nein, sie tat einfach ein paar Schlaftabletten in seinen abendlichen Drink, und als er bald darauf tief und geräuschvoll in seinem Lieblingssessel schnarchte, griff Madame Colette nach einer Schere und schnippelte ihm schonungslos den Vollbart bis auf den letzten Millimeter ab.

Nachdem das getan war, trat sie ein paar Schritte zurück, um ihr Werk zu betrachten.

Plötzlich riß sie ungläubig die Augen auf, stieß einen schrillen Schrei aus und schlug die Hände vors Gesicht.

Bon Dieu! Im Sessel saß ihr vierter Mann – der elende Dupont!

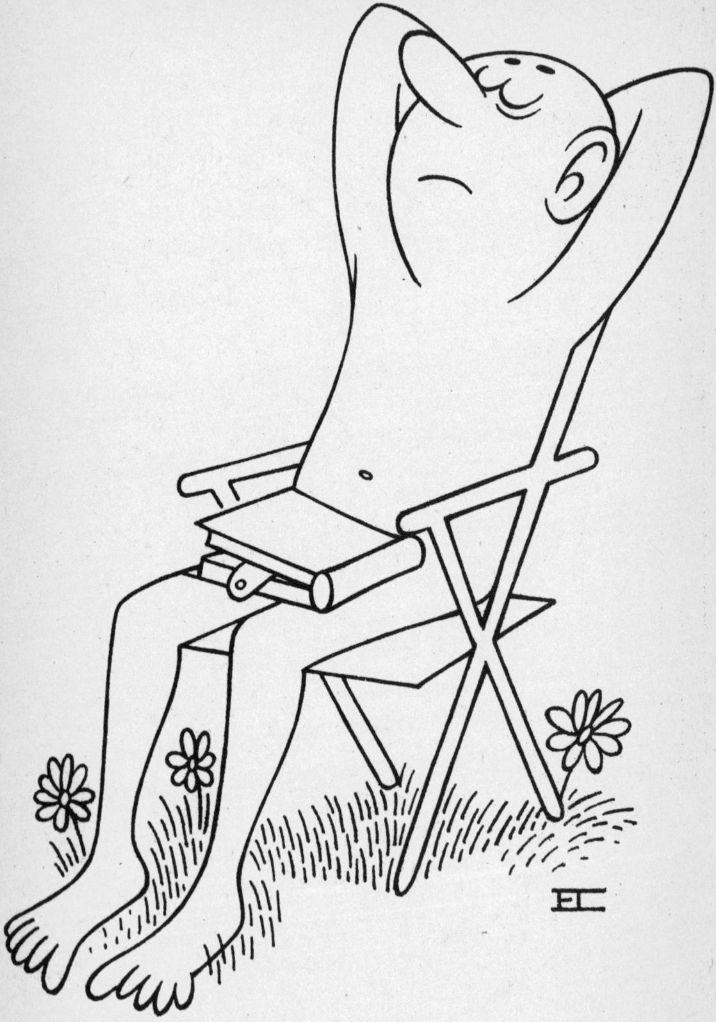

Dies ist die Geschichte einer hübschen Ballettratte, der Tänzerin Yvonne, die niemals mit dabei war, wenn ihre Freundinnen zu irgendwelchen Partys eingeladen wurden, weil sie außerstande war, eine halbwegs geistreiche Konversation zu führen.

Wir befinden uns im Umkleideraum der Ballettmädchen eines großen, bekannten Revuetheaters. Die Hüftschwingerinnen, äh – das Ballett hat seinen ersten Auftritt im zweiten Akt, frühestens in 20 Minuten. Am Schminktisch sitzt die Tänzerin Yvonne und langweilt sich. Sie fummelt an ihrem großmaschigen Nylontrikot herum, schiebt ihren Kopf dicht vor den Schminkspiegel im Neonlicht, bürstet ihre künstlichen Wimpern und gähnt ausgiebig.

»Du, Conny«, beklagt sie sich bei der Solotänzerin, »wie schaffst du es eigentlich, daß du ständig bei Cocktailpartys, nächtlichen Gesellschaften und Empfängen von Botschaftern eingeladen wirst? Ich zum Beispiel ... ich komme nie woanders hin als zur Spätvorstellung in irgendein drittklassiges Kino mit einem langweiligen Verehrer, der sich mehr für einen schwachsinnigen Pornofilm interessiert als für mich. Was mache ich falsch? Ich bin doch ganz hübsch gewachsen, sehe ganz gut aus, habe schöne weiße Zähne, dufte vor Sauberkeit und Frische und brauche mich doch hinter den fetten, schwitzenden, unappetitlichen Amateurnutten nicht zu verstecken, die ...«

Conny winkt ab. »Hör mal«, sagt sie, »wenn du die Wahrheit vertragen kannst, will ich dir genau erklären, was du falsch machst. Du bist einfach zu vulgär für den Kreis von Herren, mit denen du gern Verbindung aufnehmen möchtest. Du redest von nichts anderem als von Nutten. Es kann natürlich auch sehr lustig sein, das gebe ich zu, aber letzten Endes ermüdet man, jedenfalls in einer besseren Gesellschaft.

Solange du kein ordentliches Gespräch führen kannst, wirst du es nicht weiterbringen als zu schmierigen Bartheken, Krawalldiskotheken, Kinos in dunklen Seitenstraßen und Cafeterias, in denen es ungenießbare Spaghetti gibt.«

»Mag sein, aber sieh dir doch Doris an! Um die reißen sich die dollarschweren Herren der amerikanischen Botschaften. Sicher, sie hat Abitur und kann über alles mögliche mitreden, aber du mußt doch zugeben, daß sie nichts anderes ist als eine gewöhnliche Nutte. Und nach meiner Ansicht benötigt man wirklich nicht das Abgangsexamen einer höheren Lehranstalt, um Abend für Abend in einer Massageklinik einer geregelten Tätigkeit nachzugehen.«

Wieder winkte Conny ab.

»Da sind wir schon wieder bei deinem Nuttengewäsch. Hast du schon jemals ein Buch gelesen? Wenn ich dir einen Rat geben darf, so besorge dir ein paar gute Neuerscheinungen. Lies sie, und du hast Stoff für eine weit interessantere Konversation als bisher. Männer der höheren Gesellschaft haben eine Schwäche für Mädchen, die Grips im Kopf haben. Und wenn du erst in der Weltliteratur Bescheid weißt, dann hast du es geschafft.«

Die Garderobenglocke schrillt. Yvonne und Conny machen sich fertig für den großen Walzer im zweiten Akt.

Schon am nächsten Vormittag geht Yvonne in eine Buchhandlung und kauft die Bestseller, die gerade erschienen sind. Sie kämpft sich durch und liest alles, was nach Buchstaben aussieht.

Einige Abende später vertraut sie ihrer Freundin Conny an, daß sie jetzt ein ganz dickes Buch durchgelesen habe. Wohlgemerkt, ein richtiges Buch, keinen Sexschmöker aus dem Kiosk oder etwas Ähnliches mit nackten Frauen auf dem Umschlag, sondern ein richtiges, hübsch eingebundenes Buch, das in der einschlägigen Presse dreispaltig besprochen worden ist.

»Und wovon handelt das Buch?« erkundigt sich Conny.

»Von Napoleon und Josephine, einem Kreolenmädchen von der Insel Martinique, Napoleon erwählte sie und machte sie zur Kaiserin von Frankreich. Die beiden zogen in ein großes Schloß namens Malmaison. Sie stammte zwar nur aus einer armen Familie, gewann aber trotzdem das Herz des kleinen Offiziers von der Insel Korsika, indem sie ihr Alter etwas korrigierte ... Es würde zu weit führen, dir die ganze Geschichte zu erzählen. Aber du kannst mir glauben, was ich jetzt nicht über Napoleon und Josephine weiß, das ist auch nicht weiter wissenswert. Ich habe das Buch über Napoleon ausgesucht, weil du heute abend zu einer großen Party mit vielen Herren in der französischen Botschaft verabredet bist. Und da habe ich mir gedacht, daß du mich vielleicht ...«

»Abgemacht! Bei den Gesellschaften in der französischen Botschaft fehlt es immer an Damen, weil die Franzosen sehr verwöhnt und sehr anspruchsvoll sind. Wenn du Lust hast, kannst du also heute abend gerne mitkommen.«

»Wunderbar, Conny, du wirst es nicht bereuen.«

»Denke aber bitte daran, daß du eine geistreiche Konversation über Napoleon und die Kaiserin und die napoleonische Zeit führen mußt.«

100
5000
500

O ja, das wollte Yvonne unbedingt. Und nachdem die Vorstellung beendet ist, macht sie sich so hübsch und verführerisch wie überhaupt möglich, und dann zieht sie mit Conny zu der Gesellschaft in die Botschaft. Es gelingt ihr, einer ganzen Anzahl von Diplomaten vorgestellt zu werden, die in den Sälen eifrig Konversation machen. Da ist der französische Charge d'Affaires, der Kulturattaché, mehrere Generalkonsuln und der französische Botschafter selbst. Einige Augenblicke lauscht sie aufmerksam der Unterhaltung, welche die Herren führen. Und zu ihrer Freude merkt sie schnell, daß sich das Gespräch um Napoleon dreht.

Blitzschnell erkennt sie die große Chance ihres Lebens.

»Apropos Napoleon«, sagt sie mit ihrem reizendsten Lächeln und versucht den Blick und die Aufmerksamkeit des Botschafters zu fangen. »Wie stand es eigentlich mit Josephine? War die Kaiserin eigentlich etwas anderes als eine durchtriebene Nutte?«

»Es wirkt doch sehr befreiend, wenn man so kräftig niesen kann!«

»Denkst du an etwas Besonderes, Herbert?«

Dies ist die Geschichte von der kessen Julia und dem großen, dicken Frosch, der ein verhexter Prinz war und dessen Verzauberung erst dadurch gelöst werden konnte, daß eine Jungfrau ihn mit in ihr Bett nahm.

Julia, Fräulein Julia, die Schöne, schlenderte über die schmale Brücke, die über den Bach dicht unterhalb der alten Mühle führte. Sie trug am Arm einen Weidenkorb, der zur Hälfte mit Waldbeeren gefüllt war, und dachte gerade an nichts. Auf einen Stein, nahe am Bach, setzte sie sich und entledigte sich ihres Umhangs. Der Abend war drückend und warm. Sie lauschte den schwachen, fernen Tönen von Gitarrenmusik. Das unbekümmerte Gelächter einiger junger Leute drang an ihr Ohr, verlor sich jedoch bald in der Tiefe des Waldes. Dann war wieder alles still.

Bis sie plötzlich eine klägliche junge Stimme hörte:

»Hilfe! Ach, helfen Sie mir doch!«

Julia sprang auf. Sie war ein junges Mädchen, das gern helfen wollte, wenn die Möglichkeit dazu bestand. Aber woher in aller Welt kam die Stimme, und warum war sie so kläglich? Es war eigentlich gar nicht die Stimme eines Menschen.

»Hilfe, o Hilfe, helfen Sie mir!«

Julia entdeckte, daß die Stimme von der Mühle kam, genauer gesagt von einigen großen Steinen, die mitten im Bach bei der Mühle lagen. Sie beeilte sich, dorthin zu laufen, blieb aber plötzlich wie angewur-

zelt stehen. Zu ihren Füßen hockte ein großer, häßlicher Frosch.

»Huch!« rief Julia und wich erschrocken einige Schritte zurück.

»Sagen Sie nicht ›Huch!‹«, jammerte der Frosch. »Alle, die hier vorbeikommen und mich sehen, sagen ›Huch‹, weil ich so häßlich und dick und aufgepustet bin, Sie aber sollten nicht ›Huch‹ sagen, Sie sind so jung und so hübsch! Sie sehen reizend und lieblich und entzückend aus. Erbarmen Sie sich meiner, und nehmen Sie mich mit nach Hause. Das Leben hier an der alten Wassermühle ist wirklich nichts für mich.«

»Ja, aber«, wandte Julia verwundert ein, »Frösche mögen doch solche Plätze.«

»Frösche ja, aber ich bin gar kein richtiger Frosch. Ich lebe zwar hier an diesem Bach seit hundert Jahren, aber ein richtiger Frosch bin ich trotzdem nicht. Setzen Sie mich in Ihren Korb, und tragen Sie mich nach Hause in Ihr warmes Kämmerlein, dann werde ich Ihnen meine Lebensgeschichte erzählen.«

Der Frosch blickte Julia treuherzig mit einem unsagbar schwermütigen Blick in die Augen. Julias warmes junges Herz schmolz dahin, sie beugte sich hinunter und setzte den fetten, glitschigen Frosch behutsam in ihren Korb. Zwar fraß er ihr auf dem Heimweg fast alle Waldbeeren auf, die sie gepflückt hatte, aber das nahm sie nicht weiter wichtig. Sie hatte sie eigentlich für ihre Mutter gepflückt, konnte aber jederzeit zu einer kleinen Nachernte aufbrechen.

»So«, sagte sie und setzte den Frosch auf ihren Bettvorleger in ihrer Jungmädchenkammer, »nun mußt du mir auch alles erzählen. Erzähl mir alles von Anfang an, wie es dir ergangen ist, alter Frosch.«

»Ich bin nicht alt, und in Wahrheit bin ich kein Frosch! Ich bin ein junger, verzauberter Prinz, nur will es mir niemand glauben, wenn ich meine Geschichte erzähle. Darum werde ich wohl immer ein Frosch bleiben, denn um die Verzauberung zu lösen, müßte mich eine hübsche Jungfrau küssen und mit in ihr Bett nehmen. Und im ganzen Königreich gibt es keine hübsche Jungfrau, die es wagt, einen so häßlichen, dicken Frosch wie mich zu küssen – vom Bett ganz zu schweigen.«

Julia bückte sich und setzte den Frosch auf ihr spitzenbesetztes Kopfkissen.

»Du siehst«, sagte sie entschlossen, »ich tue es.«

Und nachdem sie das gesagt hatte, küßte sie tapfer den Frosch mitten auf sein breites Maul, nahm schnell ihre Kleider und Unterwäsche ab und legte sich ins Bett. Und wirklich – im selben Augenblick war der Zauber aufgehoben. Aus dem dicken, fetten, glitschigen Frosch war ein hübscher junger Mann geworden, der sich an ihrer Seite im Bett ausstreckte. Er schlang dankbar die Arme um seine Retterin und küßte sie sehr, sehr lange. Und dann liebten sich die beiden so innig und so temperamentvoll, daß sie gar nicht hörten, wie die Tür zu dem kleinen Jungmädchenkämmerlein geöffnet wurde und Julias strenge Mutter hereinkam.

»Sag mal«, rief sie mit allen Zeichen des Entsetzens, »was in aller Welt geht hier vor? Habe ich dich nicht in den Wald geschickt, um Beeren zu pflücken? Das Körbchen ist ja fast leer!«

»Doch«, nickte Julia, »du hast mich in den Wald geschickt, aber nun will ich dir erst einmal erzählen, wie alles gekommen ist . . .«

Julias Mutter weigerte sich entschieden, an die Geschichte vom Frosch und der alten Mühle zu glauben.

Aber hoffentlich glaubt wenigstens der Leser daran.

»Gefällt dir mein neuer Mini-Mini-Mini-Bikini?«

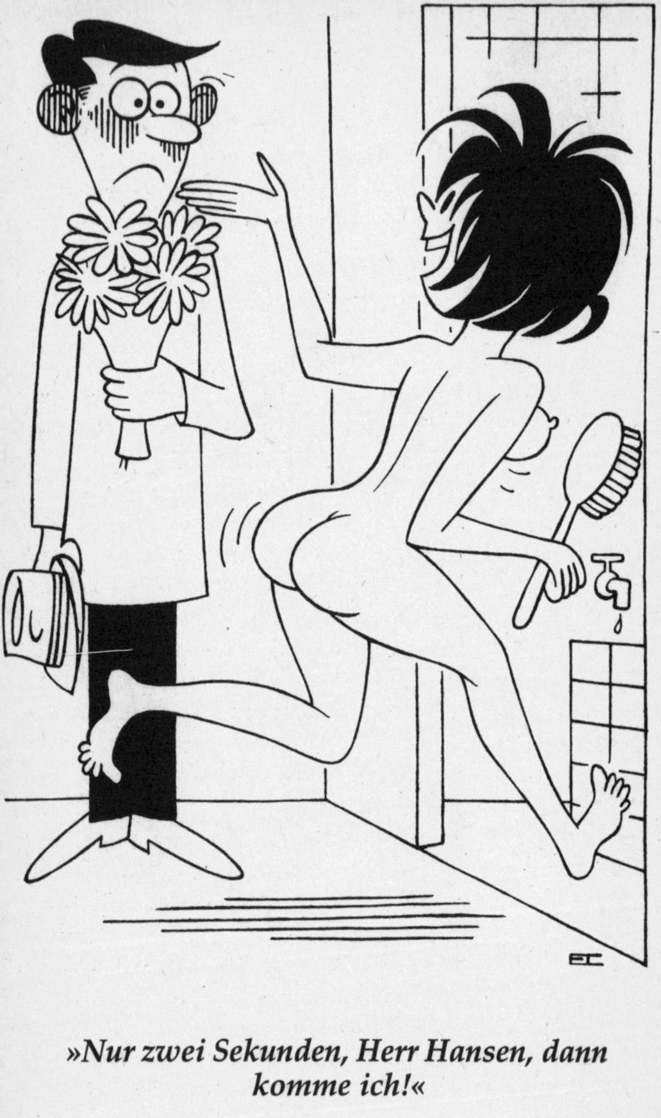

»Nur zwei Sekunden, Herr Hansen, dann komme ich!«

Dies ist die Geschichte des Privatdetektivs Lammy Smart, der sich darauf spezialisiert hatte, sein waches Detektivauge auf hübsche Frauen zu werfen, falls sie es mit der ehelichen Treue nicht mehr allzu genau nahmen.

Lammy Smart war Privatdetektiv, Inhaber der ›Kopenhagener Detektei‹, Spezialität: Ehebrüche und das Sammeln von Beweismaterial ehelicher Untreue. Eine ganz einträgliche Beschäftigung in einer Zeit, in der es mit der ehelichen Moral nicht mehr allzu weit her ist.

Lammy war glücklich verheiratet. Dorthe, seine Frau, war ein hübsches Mädchen mit den entsprechenden Proportionen und einem Funken Feueropal im Blick. Das ist ein Merkmal von zu Hause sitzenden Ehefrauen, die von einem muntereren Dasein als dem träumen, das normalerweise innerhalb streng abgegrenzter ehelicher Regeln in einem kleinbürgerlichen Reihenhausmilieu üblich ist.

»Hast du eigentlich keine Angst, daß dir deine Frau untreu werden könnte?« fragte Lammys Freund, ein Pressefotograf, an einem frühen Vormittag, als Lammy einen sehr heiklen Fall bearbeitete und dabei den Billardtisch umrundete, der in ihrer kleinen Stammweinstube stand, um sich ein bißchen aufzuwärmen.

»Dorthe, untreu? Niemals!«

»Aber du bist doch tagsüber gar nicht zu Hause, und oft hast du deine schwierigen Fälle mitten in der

Nacht. Sie sieht schließlich nicht übel aus, und so ein kleines, ansprechendes Geschöpf sitzt zu Hause herum und langweilt sich. Da kommen ihr doch alle möglichen Gedanken. Warum läßt du sie nicht von einem Privatdetektiv beschatten?«

»Weil man einen Privatdetektiv nicht auf die eigene Frau ansetzt, wenn man glücklich verheiratet ist. Und wenn man weiß, daß man der einzige ist, für den sie lebt und atmet, und daß sie niemals auf krumme Gedanken kommt. Darum!«

»Wann erwartet sie dich heute wieder daheim?« beharrte der Pressefotograf.

»Am späten Nachmittag.«

»Dann mach doch jetzt mal eine kleine Spritztour nach Hause, ganz überraschend.«

»Das könnte mir überhaupt nicht einfallen.«

Lammy wandte sich wieder dem Billard zu, aber um seine Konzentration war es geschehen. Er hatte jetzt genug Stoff zum Nachdenken und konnte sich nicht mehr richtig auf das Spiel konzentrieren.

»Na gut«, sagte er und schob das Queue zur Seite. »Ich fahre mal eben schnell nach Hause.«

Die stille Villenstraße lag verlassen da. Der Briefträger kam gerade aus dem Haus Nummer 6, Lammys kleinem Reihenhaus.

»Guten Morgen«, grüßte Lammy, »haben Sie Post für mich?«

»Ich habe sie gerade bei Ihrer Frau abgegeben.«

Lammy beeilte sich, ins Haus zu kommen. Dorthe war allein. Selbstverständlich war sie allein. Zu allein!

»Was tust du denn hier, Schatz, zu dieser Tageszeit? Ich glaubte, du seist in einer großen Sache unterwegs?«

»Ich habe dich vermißt, Liebste, und hatte plötzlich Lust auf etwas Liebe am Vormittag. Lammy zog sie zu

sich heran. Sie trug noch ihren Morgenkimono, und Lammy schob schnell seine Hand darunter und streichelte zärtlich ihren blanken Rücken und alles, was man sonst noch zärtlich streicheln kann, wenn man gerade Lust hat auf etwas Liebe mit der eigenen Frau.

Um nun die Wahrheit zu sagen und den Sachverhalt korrekt darzustellen, so wollen wir nicht verschweigen, daß Lammy allzu viel Zeit am Billardtisch in seiner Weinstube verplemperte. Sein Geschäft ging deshalb nicht ganz so gut, wie es wünschenswert gewesen wäre. Eines schönen Tages ließen seine Gläubiger die gesamte Einrichtung der ›Kopenhagener Detektei‹ abholen, Lammy verkaufte sein kleines Reihenhaus und zog nach Aarhus, wo er eine neue Firma gründete: ›Aarhus-Detektei‹, Spezialität: Ermittlungen in Ehesachen.

Er fand in Aarhus neue Kumpane für seine Billardleidenschaft, und eines Vormittags, als er damit beschäftigt war, die Enden der Billardstöcke mit Kreide zu bearbeiten, sagte einer von ihnen:

»Du, Lammy, du beobachtest doch immer die Frauen anderer Männer und verdienst dein Geld damit, bist du eigentlich gar nicht besorgt, daß deine eigene Frau dir untreu werden könnte?«

»Nein, Lammy war nicht ängstlich, aber eine halbe Stunde später huschte er dennoch völlig unerwartet nach Hause. Auf der Türmatte stand der Briefträger und sortierte einen Stapel Briefe.

»Guten Morgen«, grüßte Lammy.

»Guten Morgen«, erwiderte der Briefträger. »Gut, daß Sie kommen. Ich habe einen eingeschriebenen Brief für Sie. Wollen Sie bitte hier quittieren?«

Lammy unterschrieb die Quittung und ging dann ins Wohnzimmer und legte seinen Arm um Dorthes

Taille. Sie war noch nicht angekleidet und trug noch ihren dünnen Seidenkimono. Lammy zog sie an sich, ging mit ihr hinüber ins Schlafzimmer und legte sie auf ihr Ehebett. Alles Weitere gehört der Privatsphäre an.

Ein halbes Jahr später brachte Lammy ein Schild an seiner Tür an: ›Aarhus-Detektei – wegen Umzugs geschlossen‹ stand darauf. In Aarhus sind die Menschen höflich und zurückhaltend, deshalb gab es dort für einen Privatdetektiv, Spezialgebiet: eheliche Verfehlungen, zu wenig zu tun.

Aber in Odense, der Stadt der Sünde auf der Insel Fünen, wo die Mädchen nachts nicht zu bremsen sind, dort mußte es für einen geschickten Detektiv ein reiches Arbeitsfeld geben. Und deshalb hatte Lammy sein Detektivbüro in die Hauptstadt der schönen Insel Fünen verlegt.

Eines Tages, als er seinen Wagen aus der Garage holte, um in sein Büro zu fahren, stellte der Briefträger sein Fahrrad an den Gartenzaun. Lammy grüßte und gab Gas, um schnell ins Büro zu kommen. Er begann damit, den Posteingang durchzusehen. Plötzlich sprang er mit einem Satz in die Höhe.

»Ich Idiot!« murmelte er. »Ich Riesenidiot! Ich alter Trottel! Und ich will Detektiv sein?«

»Was ist passiert, Herr Smart?« fragte seine junge Sekretärin.

»Was passiert ist?« rief Lammy verzweifelt. »Nichts anderes, als daß mich meine Frau mit unserem Briefträger betrügt.«

»Woher wollen Sie das denn so genau wissen?«

»Weil er heute morgen an unserer Haustür klingelte, als ich gerade ins Büro fuhr.«

»Na gut, aber das ist doch kein Beweis!«

Lammy Smart blickte seine Sekretärin ärgerlich an.«

»Nein«, knurrte er, »ein Beweis ist das noch nicht, aber innerhalb des letzten Jahres haben meine Frau und ich in Kopenhagen, in Aarhus und jetzt hier in Odense gewohnt – und wir haben noch immer denselben Briefträger!«

»Sie haben recht! Es ist wirklich Zeit für mich, ins Bett zu kommen!«

»So ein Sonntag will und will nicht enden!«

Dies ist die Geschichte von einem dreisten Kerl, der auf eine ärgerliche Weise gestört wurde, als er sich mitten im Londoner Hyde Park einen scharfen Käfer auf einer Bank vorknöpfte.

Shorty pflegte den Park sonst nicht aufzusuchen, aber diesmal hatte er eine Abkürzung gewählt, und da gerade eine Bank frei war, ließ er sich zu einer kurzen Rast darauf nieder. Die Sonne meinte es gut, er zog seine Jacke aus, rollte sie zusammen und benutzte sie als Kopfkissen. Er streckte sich aus, so lang er war, gönnte sich ein kleines Nickerchen und erwachte davon, daß ihn jemand den Bauch kitzelte. Er nahm an, daß es sich um einen Vogel handelte, und wollte ihn wegschnippen, aber ehe es soweit war, sperrte er verblüfft die Augen auf. Auf seinem Hemd stand ein winziges phosphoreszierendes Wesen, durchsichtig wie Weingelee, mit langen, spitzen blauen Ohren. Shorty war so verblüfft, daß er keinen Finger rühren konnte.

»Wolltest du mich totschlagen?« fragte das kleine leuchtende Wesen. »Ich habe dir ansehen können, daß du mich totschlagen wolltest.«

»Nein«, verteidigte sich Shorty schnell, »ich wollte dich nur verscheuchen. Ich glaubte, du wärst ein Vogel.«

Das kleine phosphoreszierende Wesen breitete zwei seidenartige Flügel aus und flog auf die Rückenlehne der Bank. Shorty richtete sich auf.

»Zum Dank dafür, daß du mein Leben geschont

hast, will ich dir drei Wünsche erfüllen«, sagte das kleine geflügelte Wesen.

»Bist du – eine Fee?« murmelte Shorty mißtrauisch.

Von solchen Wesen hatte er oft gehört, aber er hätte geschworen, daß es sie nicht gab.

»Ja«, nickte das kleine Wesen. »Ich bin eine Feenkönigin, und ich habe die Macht, dir drei Wünsche zu erfüllen. Wünsch dir also etwas Schönes.«

»Na ja«, sagte Shorty, der den ganzen Tag nichts gegessen hatte, »dann verschaff mir eine gebratene Taube und ein Glas Bier, aber das Bier bitte eiskalt! Wenn du das kannst, dann . . .«

Er verstummte jäh.

Denn tatsächlich saß er da auf der Bank, hielt eine gebratene Taube in der einen Hand und ein Glas schäumend kaltes Bier in der anderen.

»Das ist ja die reine . . .«, murmelte er benommen.

»Das war dein erster Wunsch«, sagte die kleine Feenkönigin.

Shorty setzte das Glas auf die Bank und legte die Taube daneben. Dann zog er ein großes buntkariertes Taschentuch hervor und befestigte es am Kragen als Serviette. In derselben Sekunde sprang ein großer schwarzer Kater auf die Bank und schnappte sich die gebratene Taube.

»Daß dich der Teufel hole, elender Kater!« rief Shorty ihm nach.

»Das war dein zweiter Wunsch«, sagte die kleine Feenkönigin.

»Nein, nein, halt!« protestierte Shorty kopfschüttelnd, »ich habe mir doch nur etwas zu essen und trinken gewünscht.«

»Du hast dir gewünscht, daß der Teufel den Kater holen soll. Und jetzt kommt dein dritter und letzter Wunsch.«

Shorty trank langsam einen Schluck Bier, das einzige, was ihm von seinen beiden Wünschen übriggeblieben war. Er war sich darüber im klaren, daß er bei seinem dritten Wunsch sehr vorsichtig sein mußte. Sollte er sich alles Geld der Welt wünschen? Nein, Geld war nicht die Hauptsache. Es mußte etwas anderes geben, wofür er bessere Verwendung hatte und was ihm mehr Spaß bereiten würde. Sollte er sich ein hübsches Mädchen wünschen? Klein, häßlich und unansehnlich wie er war, hatte es für ihn immer Probleme gegeben, mit Mädchen in Kontakt zu kommen. Vor allem mit jenen Regionen, die unter dem Rock liegen, wo sich der Himmel für ihn verbarg. Aber nun hatte er die Gelegenheit.

Ja, wahrhaftig, er wollte sich ein Mädchen wünschen.

»Ich wünsche mir ein Mädchen«, sagte er, »sie soll sich mir hier auf der Bank hingeben. Jetzt sofort, in diesem Augenblick!«

Kaum hatte er seinen Wunsch ausgesprochen, als auch schon ein Mädchen neben ihm auf der Bank lag, den Slip ins Gras werfend.

Jetzt bedurfte es keiner weiteren Umstände.

»Das war dein dritter Wunsch«, sagte die kleine beflügelte Feenkönigin – und weg war sie.

Shorty hatte es eilig, seine Hose aufzuknöpfen. Dann fiel er über das Mädchen her, aber gerade in dem Augenblick, als sein größter Wunsch in Erfüllung ging, fühlte er eine harte Hand auf seiner Schulter. Ruckartig fuhr er in die Höhe. Vor ihm stand ein Bobby im Dienst. Shorty beeilte sich, seine Kleidung zu ordnen.

»Ja«, schloß der Anwalt sein Plädoyer mit einem unsicheren Blick auf die Richterbank. »Ja, Sir, das ist also alles, was der Angeklagte, Spud-Lewis, genannt

Shorty, der Slip-Dieb, zu der Anklage des Notzuchtsverbrechens am hellichten Tag im Hyde Park vorzubringen hat.«

EVA

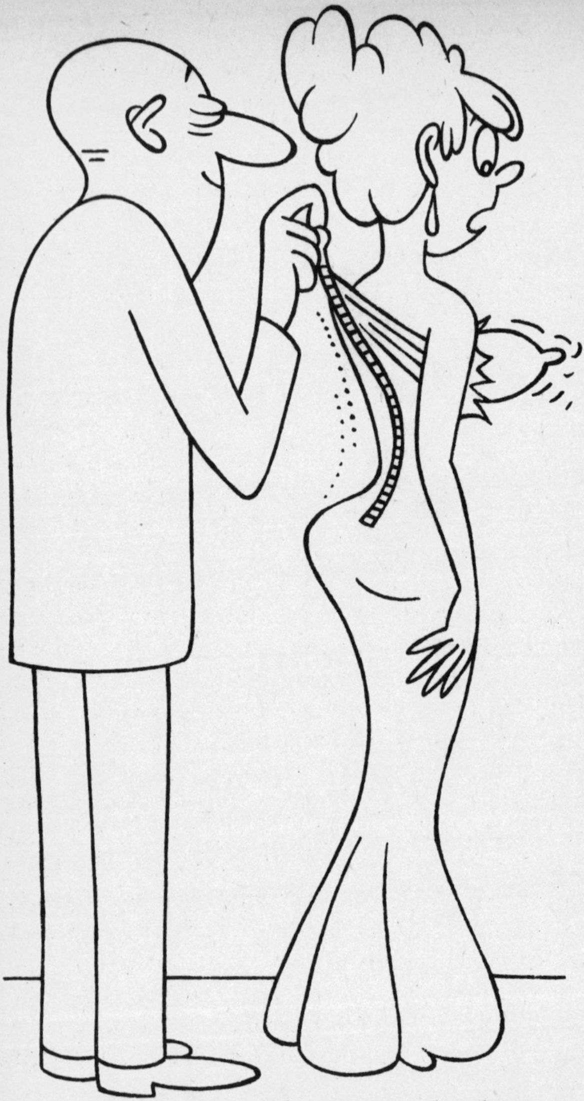

»Ziehen Sie nicht ganz so kräftig, Herr Direktor!«

Dies ist die Geschichte von dem draufgängerischen Junggesellen Peter Gramshöhe und der hübschen, jungen, einsamen grünen Witwe, die für ein schnelles kleines Abenteuer stets zu haben war.

Als Junggeselle hat man es gut, vorausgesetzt man findet jemanden, der einem das Leben noch schöner macht. Und damit hatte der junge Peter Gramshöhe gewisse Schwierigkeiten. Er sah so aus wie die meisten jungen Männer, weder schlechter noch besser. Etwas genierlich und zurückhaltend war er immer schon gewesen, aber seine Kontaktschwierigkeiten waren nicht so ausgereift, daß man ihn nie in Gesellschaft eines Mädchens gesehen hätte. Und wenn es ihm erst mal gelungen war, ein Mädchen aufs Kreuz zu legen, dann wußte er auch genau, was zu tun war, um sie in den siebenten Himmel entschweben zu lassen.

Diesmal aber hatte er eine gewisse Durststrecke zu überwinden. Seine Mädchenbekanntschaften waren im Sand verlaufen, ohne daß sich etwas Neues gezeigt hätte. Deshalb blieb er an einem Freitagnachmittag, als seine Kollegen ihre Sachen packten und sich auf das Wochenende freuten, im Büro zurück.

»Was ist mit Ihnen los, Gramshöhe?» fragte sein Chef, Direktor Krumsee, »wollen Sie heute bei dem schönen Wetter nich noch ein bißchen ins Grüne schwirren?«

Gramshöhe bekannte ohne Umschweife, daß ihm eine Partnerin fehle, mit der er schwirren könne.

Direktor Krumsee, bei seinem Personal als ziemlicher Schwerenöter bekannt, schlug ihm aufmunternd auf die Schulter.

»Hören Sie«, sagte er, »Sie sind ein netter Kerl, und wenn es Sie interessiert, will ich Ihnen einen erstklassigen Tip geben. Ich habe in meinen jüngeren Jahren an dieser Masche selbst viel Freude gehabt. Ehe ich heiratete, versteht sich. Wissen Sie, was Sie machen? Sie setzen sich in Ihren Wagen und fahren nach Bahrenfeld, stellen dort den Wagen ab und warten an der S-Bahn-Station. Freitagnachmittag gibt es massenhaft junge Frauen, die ihren Mann von der Bahn abholen. Und Freitag nachmittag gibt es jede Menge Ehemänner, die ihren Zug verpassen, weil sie lieber erst einmal ihre Stammkneipe aufsuchen oder weil sie eine hübsche junge Sekretärin haben, der sie auf dem Chefsofa ein paar Kleinigkeiten beibringen wollen, ehe sie sich wieder der ehelichen Routine im trauten Heim zuwenden.

Und was passiert dann? Dann stehen die armen jungen Frauen am Bahnhof und warten vergebens. Und je länger sie warten, desto ärgerlicher werden sie auf ihren Ehemann.

Und jetzt erscheinen Sie auf der Bildfläche, Gramshöhe, jetzt naht Ihre große Chance. Sie sprechen eine der jungen Frauen an und schlagen ihr einen kleinen Abstecher an die Elbe vor. Und um sich an ihrem Mann zu rächen, wird Ihr Vorschlag akzeptiert – ein kleines Abenteuer lockt junge Frauen immer. Und wenn Sie eine solche hübsche Biene erst in Ihrem Wagen haben, dann . . .«

Peter Gramshöhe erhob sich schnell.

»Vielen Dank für den Tip, Herr Direktor«, sagte er eifrig und lief zu seinem Wagen.

Augenblicke später war er nach Bahrenfeld unterwegs. Als er durch Altona kam, schoß ihm ein Gedanke durch den Kopf, daß er sein Glück ebensogut schon hier versuchen könnte.

Gramshöhe fand eine Parklücke und trat auf die Bremse. Er sprang aus dem Wagen und trat ins Bahnhofsgebäude.

Die Zeiten schienen sich jedoch gewandelt zu haben, seit Direktor Krumsees Junggesellenjahren war viel Wasser die Elbe hinuntergeflossen. Als der nächste S-Bahn-Zug einlief, war bereits für jeden ankommenden Ehemann die wartende Ehefrau da . . . mit Ausnahme einer hübschen, etwas üppigen Rothaarigen mit einem mächtigen Busen. Zwei weitere S-Bahn-Züge trafen ein. Noch immer ließ sich der Ehemann nicht blicken. Da schien es Gramshöhe an der Zeit, sein Glück auf die Probe zu stellen.

»Verzeihung, meine Dame«, sagte er und zog höflich den Hut, «wenn Sie die Warterei satt haben, werde ich Sie gerne nach Hause fahren. Ich will hier auch nicht länger warten.«

Zwei Minuten später saß die hübsche rothaarige junge Frau in Gramshöhes Wagen. Zehn Minuten später befand er sich in ihrer Villa am Elbufer und paffte seine Zigarette.

Die junge Frau schob ihm einen Drink zu und ließ sich an seiner Seite auf dem Sofa nieder. Sie lehnte sich zärtlich an ihn, und ehe er wußte, wie ihm geschah, hatte sie schon die ersten Knöpfe seines Oberhemdes geöffnet. Ihre schlanke, lilienweiße Hand spielte mit den Haaren auf seiner Brust.

O ja, die Masche von Direktor Krumsee war wirklich erstklassig. »Ich glaube, ich muß jetzt gehen«, murmelte Gramshöhe, »ich meine, wenn Ihr Mann . . . «

»Mein Mann!« kicherte seine Begleiterin, »den können Sie doch vergessen! Wenn er nicht mit der S-Bahn 17.12 Uhr kommt, dann ist er vor Mitternacht nicht zu Hause, hat ein miserables Gewissen und stinkt nach billigem Parfum. Verschwenden Sie keinen Gedanken an ihn, das hat er wirklich nicht verdient. Seien Sie lieber ein bißchen charmant – küssen Sie mich!«

Gramshöhe küßte sie.

»Nehmen Sie mich fest in Ihre Arme!«

Gramshöhe nahm sie fest in seine Arme.

»Machen Sie jetzt mit mir, was Sie wollen . . .«

Gramshöhe zog ihr den Minislip herunter, löste seinen Gürtel und machte sich zu einem frohen Einsatz bereit.

Als er gerade seine Hose ausgezogen hatte, ging die Tür auf – und wer kam herein?

Der Ehemann seiner Gespielin: Direktor Krumsee.

Der Direktor warf einen wütenden Blick auf den jungen Mann.

»Schafskopf«, rief er, griff nach der Hose und warf sie in den Korridor, »können Sie denn nicht zuhören, wenn ich Ihnen etwas sage, Menschenskind? Ich habe ausdrücklich Bahrenfeld gesagt und nicht Altona!«

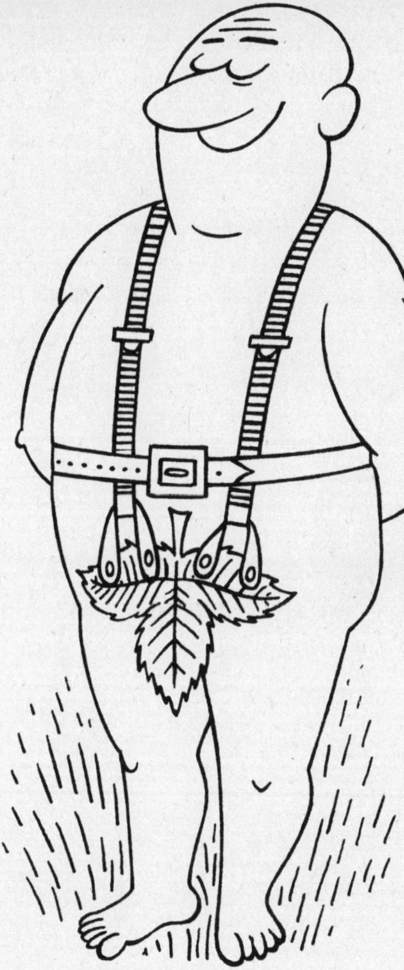

EC

Dies ist die Geschichte des Mannequins Gloria Marlowe und ihres zudringlichen Freundes vom Spielkasino in Monte Carlo, Jean Pierre Renoir, der ihren Körper, ihr Herz und ihre Seele besitzen wollte.

Nachdem sie den Schönheitswettbewerb in ihrer Heimatstadt errungen und man ein Seidenband mit der Aufschrift »Miß Yorkshire« um ihre hübschen Schultern gelegt hatte, nachdem die Probeaufnahmen für den Film überstanden waren und sie mehrere kleinere Aufgaben als Mannequin, Nacktmodell und ähnliches hinter sich gebracht hatte, wie sie zu einem Miß-Wettbewerb gehören, hatte Gloria Marlowe großen Geschmack an irdischen Glückseligkeiten gewonnen.

Sie war entschlossen gewesen, eine steile Karriere zu machen und unerhörte Abenteuer zu erleben. Deshalb war sie von ihrem ersparten Geld an die Riviera gereist.

Wir trafen sie, während sie an ihrem Aperitif nippte, an einem Tisch vor dem ›Georg V.‹, einem kleinen exklusiven Restaurant gegenüber dem Spielkasino von Monte Carlo.

Es war ihr letzter Tag an der Riviera. Das große, entscheidende Abenteuer hatte auf sich warten lassen. Am nächsten Tag wollte sie nach Hause zurückkehren. Tief enttäuscht drehte sie sich nach dem Kellner um, um das Getränk zu bezahlen.

Im selben Augenblick geschah es: Ein großer, eleganter, sonnengebräunter, dunkelhaariger Mann kam die breite Marmortreppe des Spielkasinos herunter, sah sich einen Augenblick suchend um, entdeckte Gloria, entblößte seine kreideweißen Perlenzähne zu einem strahlenden Lächeln, winkte begeistert und eilte mit leichten, federnden Schritten direkt auf sie zu.

»Mademoiselle«, sagte er wie benommen, griff nach ihrer Hand, küßte sie mit weltmännischer Eleganz und fuhr fort:

»Endlich finde ich Sie. Ich sah Sie schon im Flughafen, aber in dem Menschengewühl habe ich Sie aus den Augen verloren. Sollte ich diese Frau jemals wiederfinden, sagte ich zu mir selbst, sollte ich dieses wunderbare Geschöpf noch einmal vor meine Augen bekommen, so soll sie die Meine werden, selbst wenn ich Jahre warten müßte und es mich Millionen kosten würde. Sie soll die Meine werden. Ich will ihren Körper besitzen, ihr Herz, ihre Seele – und wäre sie unerreichbar wie der fernste Stern am Firmament.«

Miß Gloria wurde es schwarz vor den Augen. Sie fühlte sich schwindlig, ihr junges Herz schlug einen dreifachen Salto tief in ihrem wohlgeformten Busen.

Endlich war das große, wunderbare Abenteuer da! Wie in Trance entzog sie ihm die Hand.

»Verzeihen Sie mir«, fuhr der wunderbare, supermännliche Mann fort, »vergeben Sie mir meinen Eifer, meine Taktlosigkeit, mein Draufgängertum! Darf ich mich vorstellen: Jean Pierre Renoir aus der Renoir-Dynastie, die Ihnen sicherlich bekannt ist. Aber sprechen wir nicht davon. Gestatten Sie, daß ich für einen Augenblick bei Ihnen Platz nehme, Mademoiselle...«

»Gloria Marlowe!«

Jean Pierre zog seinen Stuhl heran, setzte sich und griff wieder nach Glorias Hand.

»Darf ich Sie Mademoiselle Gloria nennen?« fragte er eindringlich und sah sie mit seinen prachtvollen braunen Augen bettelnd an. Wieder wurde es Miß Gloria schwarz vor den Augen. Sie nickte nachgiebig.

»Gloria«, fuhr er hingerissen fort, »Gloria, Darling, ich werde Ihnen Schmuck kaufen, ich kaufe Ihnen Pelze, ich kleide Sie von Kopf bis Fuß ein, und zwar in das Teuerste und Exklusivste, was es in den feinsten Pariser Modehäusern für Geld zu kaufen gibt. Ich werde Sie mit meinen Freunden bekannt machen, ich führe Sie in die Gesellschaft ein. Mit Stolz begleite ich Sie in die vornehmsten Nachtlokale, Sie sollen in Champagner schwimmen und Kaviar schon zum Frühstück genießen. Sie sollen auf alles zeigen, was Sie haben möchten, und ich werde es Ihnen kaufen.«

Jean Pierre machte eine kurze Pause, atmete tief, führte Glorias lilienweiße Hand an seine Lippen, küßte sie heftig, küßte den ganzen Arm, küßte jeden einzelnen der fünf langen Nägel an ihrer Hand und fuhrt fort:

»Gloria, meine Geliebte, mein Schatz! Wir werden reisen, wir beginnen mit einer Weltreise, ich werde dir Hawaii zeigen, Miami Beach, Buenos Aires, Indien, Hand in Hand besteigen wir den Fudschijama, wir blicken über die Palatiner Höhen, stehen staunend vor der Cheopspyramide, freuen uns über die Niagarafälle, wir sehen den Mond über dem Kilimandscharo leuchten und die Sonne im Stillen Ozean untergehen. Wir werden uns auf dem Promenadendeck des weißen Luxusschiffes aalen, wir planschen in den Wellen an den Küsten der Bahamas, liegen auf den weißen Sandstränden, wir lauschen dem Gesang der Zikaden in wundervollen Tropennächten ... all das werden wir zusammen genießen, du und ich!

Und wenn du fühlst, daß du nicht länger widerstehen kannst, dann wirst du in meinen Armen einen Himmel auf Erden genießen, wie ihn Worte nicht beschreiben können. Wieder und immer wieder sollst du in meinen Armen liegen, und ich werde dir zu immer neuen Freuden verhelfen. Wahrhaftig, Geliebte, die Welt liegt offen zu unseren Füßen, wir haben keine Minute zu verlieren. Die Glücksgöttin hat ihr Netz nach uns ausgeworfen. Laß du dich von ihr einfangen.«

Jean Pierre warf einen Blick auf seine Uhr.

»Aber jetzt muß ich gehen«, sagte er traurig und stand auf. »Warte hier auf mich. Schwöre bei allem, was dir heilig ist, Gloria, Darling, meine Geliebte, daß du hier auf mich wartest, bis ich ...«

Er faßte in die Tasche seines äußerst eleganten weißen Tropenanzugs, ohne zu finden, was er suchte.

Dann schnippte er mit zwei Fingern vor Glorias Gesicht, zufrieden darüber, daß er die Lösung eines Bagatellproblems gefunden hatte, das ihn fast ärgerlich gemacht hätte.

»Leih mir mal eben einen Tausendfrankenschein«, sagte er, »aber schnell, wir dürfen keine Minute verlieren, keine Sekunde ...«

Gloria wühlte fieberhaft in ihrer Handtasche, zog ihren letzten Tausendfrankenschein heraus und schob ihn hastig in die Hand des wunderbaren, des bezaubernd schönen Jean Pierre.

»Danke, mein Herz, meine Liebste«, sagte er und

küßte ein letztes Mal ihre lilienweiße Hand. »Nun laufe ich hinüber in das Kasino und setze diese tausend Franken ein, und wenn ich dann die Bank gesprengt habe, komme ich zurück und hole dich ab. Dann, meine Liebste, dann liegt uns die Welt offen zu Füßen.«

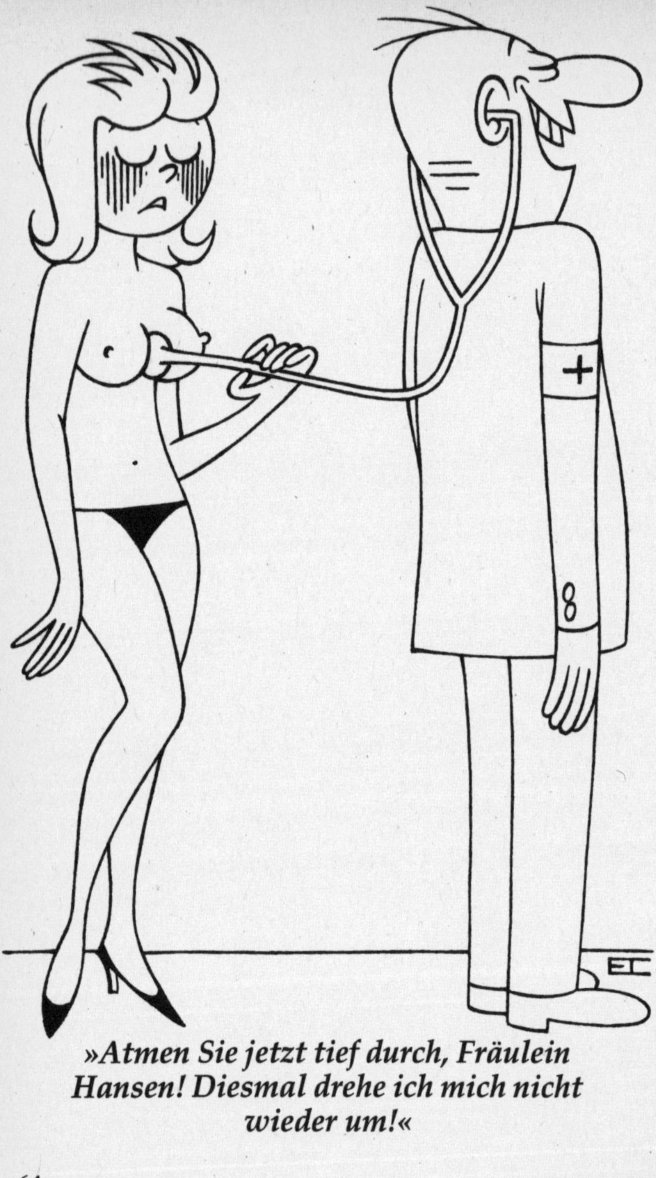

»Atmen Sie jetzt tief durch, Fräulein Hansen! Diesmal drehe ich mich nicht wieder um!«

»Schießen Sie los, mein Fräulein! Sie haben also etwas ins Auge bekommen?«

Dies ist die Geschichte von dem frechen Gangsterboß Joe Big Nose Callaghan, der auf dem elektrischen Stuhl enden sollte, weil er die Bordellbesitzerin »fette Fanny« mit seiner Maschinenpistole durchlöchert hatte.

Endlich hatte man ihn geschnappt. Endlich saß er hinter Gittern und wurde Tag und Nacht scharf bewacht. Zu guter Letzt also hatte man ihn unschädlich gemacht und handfeste Beweise, um ihn verurteilen zu können: Chikagos Schrecken, der Gangsterkönig Joe Big Nose Callaghan hatte kaltblütig die Bordellbesitzerin ›fette Fanny‹ umgelegt, als sie versuchte, das Gangstersyndikat um die Abgaben zu prellen, die ihm als Honorar für den Schutz des Bordells zustanden. Diesmal konnten selbst die besten Anwälte Amerikas Joe Big Nose Callaghan nicht mehr helfen.

»Es sieht schlecht aus, Big Nose, sehr schlecht«, murmelte sein Verteidiger, der kleine Gangsteradvokat Al Hickman düster, als er den Gangsterkönig in dessen Zelle besuchte.

»Muß ich auf den elektrischen Stuhl?« fragte Joe Big Nose schaudernd. Der Anwalt nickte langsam und überzeugt.

»Die Geschworenen verurteilen dich wegen Mordes«, sagte er, »keine Macht der Welt kann es mehr verhindern. Diesmal sieht es wirklich so aus, als gäbe es keinen Ausweg mehr.«

Big Nose sprang von seiner Holzpritsche auf,

packte den kleinen Anwalt brutal an der Krawatte und schnaubte in sein bleiches, zerfurchtes Gesicht:

»Wenn ich auf den Stuhl muß, Al, du kleine verwachsene Laus, dann kannst du dich auf einen spannenden Ausflug gefaßt machen. Messer-Harry und Spaghetti-Spinello sind Spezialisten dafür, mein Lieber. Laß dir lieber rechtzeitig etwas einfallen.«

Mit einer vielsagenden Handbewegung ließ Big Nose Callaghan durchblicken, daß sich der Hals des Anwalts in großer Gefahr befand, ernsten und nichtwiedergutzumachenden Schaden zu erleiden.

»Was würdest du dazu sagen, wenn man dich nur wegen einfachen Totschlags verurteilt?« beeilte sich der Advokat zu fragen.

»Was würde das bedeuten?«

»Daß du nicht auf den Stuhl mußt.«

»Sondern?«

»Du kämst mit 40 Jahren Zwangsarbeit im Staatsgefängnis von Illinois davon.«

Bei den Gedanken an Arbeit begann Big Nose zu schaudern.

»Das ist doch aber immer noch besser, als zur Hölle abzureisen, wenn du erst auf dem Stuhl sitzt«, beeilte sich der Advokat zu versichern.

Big Nose gab ihm widerstrebend recht.

»Okay«, sagte er, »dann lieber Zwangsarbeit.«

»So einfach ist aber auch das nicht, Chef. Dazu ist eine Riesensumme erforderlich. Ich muß mit dem Sprecher der Geschworenen ein langes Gespräch führen und ihm mit einem stattlichen Bündel großer Scheine vor den Augen herumwedeln. Wenn es ein Kerl mit einem schwachen Charakter ist, geht alles in Ordnung. Dann kriege ich ihn dazu, daß er die übrigen Geschworenen vom Totschlag überzeugt und dein dicker Hintern nicht auf dem elektrischen Stuhl geröstet wird.«

»Scarface Mike verschafft dir jede Menge Kies, die du brauchst.«

»Allright, Chef, ich werde mein Bestes versuchen.«

Und Advokat Hickman tat sein Bestes. Zum Glück erwies sich der Vorsitzende der Geschworenen als ein schwacher und leicht zu beeinflussender Charakter, und als Hickman ihm einen stattlichen Stapel Dollarscheine in die Hand drückte und versprach, für einen zweiten Stapel zu sorgen, sobald das Urteil auf Totschlag ausgesprochen war, gelobte er, die elf übrigen Geschworenen zu überreden, sich für ein Totschlag-Urteil auszusprechen.

Der Gerichtstag brach an. Schon nach kurzer Verhandlungsdauer war man so weit, daß sich die Geschworenen zur Abstimmung zurückziehen konnten. Eine Stunde verging. Die Geschworenen kamen nicht zurück. Eine zweite Stunde verrann, von den Geschworenen war nichts zu sehen.

Joe Big Nose Callaghan begann unruhig auf der Anklagebank hin und her zu rutschen, und Rechtsanwalt Hickman mied seinen Blick. Nachdem eine weitere Stunde vergangen war, kamen die Geschworenen schließlich doch wieder zum Vorschein. Ernst und verschlossen nahmen sie auf ihrer Bank Platz.

Joe Big Nose Callaghan wurde vom Richter aufgefordert, das Urteil stehend anzuhören.

Dann verkündete der Sprecher der Geschworenen mit lauter Stimme:

»Totschlag!«

Nach einer kurzen Besprechung am Richtertisch verkündete der vorsitzende Richter das Urteil:

»40 Jahre Zwangsarbeit!«

Während sich der Gerichtssaal allmählich leerte,

hatte Rechtsanwalt Hickman ein paar Augenblicke Gelegenheit, im Konferenzsaal der Geschworenen mit dem Sprecher des Komitees einige Worte zu wechseln. Diskret schob er ihm dabei einen größeren Stapel von Scheinen in die Aktentasche.

»Na«, sagte er, »war es schwierig, die Herren Geschworenen herumzukriegen?« Es hat ja endlos lange gedauert.«

»Schwierig?« erwiderte der Sprecher aufgebracht, »das sei nicht der richtige Ausdruck. Bei den wahnsinnigen Preisen, welche die fette Fanny für ein einziges kleines Nümmerchen von den Mädchen ihres Bordells kassierte, hatte niemand ein Interesse daran, ihr nachträglich noch beizustehen. Ich hatte also größte Schwierigkeiten, meine Kollegen auf Totschlag einzustimmen. Alle elf Geschworenen wollten Ihren Mandanten freisprechen!«

»Wären Sie an einem Abonnement unserer Nudistenzeitschrift interessiert?«

»Ich geh' mal eben auf einen Sprung in den Nudistenclub!«

»Der Vorsitzende vom Nudistenclub wartet auf mich!«

Dies ist die Geschichte eines kessen Mädchens, das für jedes spannende und romantische Erlebnis aufgeschlossen war und deshalb begeistert zusagte, als ihr Freund, der selbstsichere Herbert, den Vorschlag machte, gemeinsam nach Australien zu fliehen.

Die Romantik ist in Wahrheit tot. Wohin man blickt: Nur Pop und Porno und Stacheldraht und schulterlanges Haar. Man denke nur einmal daran, ob jemand seine Erwählte noch entführen will. Welcher junge Mann hat heutzutage schon einen so ausgefallenen, spannenden und kühnen Einfall. Kann man das Mädchen nicht bekommen, das man haben möchte, so läßt man sie mit einem Achselzucken sausen und liebt diejenige, die man kriegen kann. Nicht einmal mehr in den Witzzeichnungen sieht man das einst so beliebte Thema abgehandelt: der junge, verliebte Mann, der bei Nacht und Nebel eine Leiter an die Hauswand stellt, hinaufklettert und sozusagen vor der Nase der nichtsahnenden strengen Eltern eine Entführung inszeniert.

Da aber der Held unserer Geschichte jung ist, kommt die Romantik doch noch hinzu.

Wir beginnen in dem Augenblick, als der junge Herbert mit festem, entschlossenem Schritt das führende Heimwerkergeschäft seiner Heimatstadt betrat.

»Ich möchte mir gerne eine Leiter aussuchen«, sagte er.

»Gerne, mein Herr. Eine Trittleiter oder eine Küchenleiter?«

»Eine richtige Leiter, eine von der Sorte, die man an eine Hauswand stellen kann und bis zum zweiten Stock reicht. Eine wirklich stabile Leiter, die zwei Menschen gleichzeitig trägt.«

Der Leser ahnt wohl schon, was Herbert vorhatte, und es wird auch noch ziemlich spannend.

Nun, Herbert kaufte die gewünschte Leiter, bezahlte sie, nahm sie über die Schulter und machte sich auf den Heimweg.

Er wartete, bis es ziemlich dunkel geworden war und der Mond hinter einer Wolkendecke verschwand. Dann steckte er sich eine Zahnbürste in die Tasche, packte die Leiter und machte sich auf den Weg zum Haus seines Schatzes.

Sie hieß Lotte. Lotte hatte langes blondes Haar, üppige Formen und einen seidenweichen Blick. Sie liebte ihren Herbert, aber ihr Vater, der steinreiche Schiffsreeder wollte sie mit einem ältlichen Konsul verheiraten, der die Aktienmehrheit an seiner Werft besaß. Er konnte Herbert, den jungen, draufgängerischen, aber bettelarmen Studenten nicht ausstehen.

Lottes Mutter fand allerdings, daß Herbert ein netter und ansehnlicher junger Mann war, aber im Hause des Reeders galt nur eine Meinung, nämlich die des Vaters.

Immer wieder hatte Herbert versucht, die väterliche Einwilligung zur Heirat zu bekommen, aber das einzige, was er erreicht hatte, war ein Wutausbruch von Lottes Vater gewesen, in dessen Verlauf der kräftige Mann den Liebhaber seiner Tochter am Kragen und Hosenboden gepackt und ihn mit einem gewaltigen Schwung aus dem Zimmer und weit hinaus in den Korridor befördert hatte.

Nun war es ernst geworden. Jetzt wollte er seine Lotte erringen.

Eines Abends, als sie dicht umschlungen im Stadtpark standen, hatte er einen Vorgeschmack auf die Seligkeiten bekommen, die sich unter ihrem Kleid verbargen, und er hatte geschworen, daß sie nun für immer seine Frau werden sollte.

Er näherte sich der großen weißen Villa, die weit zurückgezogen in einem riesigen Park lag; Schiffsreedervillen sind nun einmal so. Mit einer Taschenlampe leuchtete er zwischen grünen Weinranken nach oben, bis er das richtige Fenster gefunden hatte. Dann lehnte er die Leiter an die Wand, wartete, bis der Mond von einer Wolke verdeckt war, kletterte die Leiter empor und klopfte behutsam an die Scheibe.

»Psst«, machte er, während sein junges Studentenherz heftig schlug.

»Wer ist da?« fragte eine verwirrte Stimme.

»Ich bin's Herbert.«

»Herbert? Was willst du denn hier, mitten in der Nacht?«

»Ich will dich entführen. Wir hauen ab nach Australien.«

Einen Augenblick wurde es ganz still im Zimmer.

Dann hörte man eine gedämpfte, eifrige Stimme: »Darauf habe ich schon lange gewartet. Nur zwei Minuten, ich will schnell meine wichtigsten Sachen packen. Fall inzwischen nicht von der Leiter!«

»Vergiß deine Zahnbürste nicht«, flüsterte Herbert, »und halte dich gut fest an der Leiter. Wir können uns jetzt keinen Unfall leisten, es verläuft bislang alles glatt.«

Zwei Minuten später war er bereits mit seiner Liebsten im Arm auf dem Weg nach unten. Sie flohen in der stockfinsteren Nacht durch Straßen und Alleen, über Felder und Wiesen, über Stock und Stein, durch große Wälder, über riskante Wege, Hand in Hand weit, weit fort. Es galt weit, möglichst weit fortzukommen von dem cholerischen Schiffsreeder.

Erst gegen morgen, als sie einen Augenblick unter einem großen Baum Rast machten und Luft schöpften, wechselten die beiden Flüchtlinge zum ersten Mal ein paar Worte.

»Bereust du es, Herbert?« fragte sie gespannt.

»Nie im Leben«, antwortete er, ohne nur einen Augenblick zu zögern.

Er zog sie dicht an sich und schloß sie leidenschaftlich in seine Arme. Und doch, als es schließlich hell wurde, bereute er seine Tat. – In seinen Armen hielt er Lottes Mutter.

»Soll das heißen, daß du das Dessert vor dem Essen haben möchtest?«

»Das ist meine Schachtel mit den Antibabypillen!«

Dies ist die Geschichte des schiffbrüchigen Obermaats Robert Conolly, einer kleinen Koralleninsel und eines kessen polynesischen Mädchens, das ihr Herz an ihn verloren hatte.

Die Mittagsmahlzeit des Obermaats Robert Conolly bestand aus geröstetem Fisch und Kokosmilch. Den Fisch fing er mit Hilfe einiger primitiver Gerätschaften, die er selbst angefertigt hatte, Kokosmilch gab es im Überfluß auf der winzigen öden Insel weit draußen im Stillen Ozean. Dort fristete er sein Dasein, nachdem sein Schiff, der Tanker ›Gold Star‹ während eines Taifuns (Windstärke 12) nach einem Maschinenschaden auf ein Korallenriff getrieben und mit Mann und Maus untergegangen war. Er selbst war auf einem Rettungsfloß mehrere Tage in der aufgewühlten See getrieben und hatte längst jede Hoffnung auf Rettung aufgegeben, als sein Floß eines Nachts an den Strand der kleinen, einsamen Insel geschwemmt wurde.

Wenn Robert Conolly gegessen hatte, setzte er sich vor seine primitive Hütte, die er mit Hilfe von Treibholz gebaut und mit Pandanußblättern gedeckt hatte. Das Fernglas vor den Augen, konnte er stundenlang dasitzen und zu dem Atoll hinüberblicken, das etwa eine halbe Seemeile entfernt lag.

Es war etwas ganz Bestimmtes, wonach er Ausschau hielt, nämlich ein süßes, besonders gut gewachsenes Eingeborenenmädchen, das täglich oft an den Strand kam und ihm zuwinkte. Er war sicher, daß sie allein auf dem Atoll lebte. Er glaubte auch zu wissen, wie es dazu gekommen war.

Eines Tages hatte man sie dort von einem Kanu aus abgesetzt, das von wilden Papanukriegern gerudert wurde. Ein Speer für den Fischfang und ein Götzenbild, das war alles, was man ihr zur Unterhaltung mitgegeben hatte.

Robert Conolly erinnerte sich daran, einmal gelesen zu haben, daß es bei primitiven polynesischen Stämmen üblich war, junge heiratsfähige Mädchen auf eine öde Insel zu verbannen, wenn sie sich für die Liebesbezeugungen ihres zukünftigen Ehemannes nicht interessierten. Längere Zeit der Einsamkeit brachte sie dahin, sich zu fügen. Sobald das Mädchen vor dem Götzenbild auf die Knie fiel und laut den Namen ihres Zukünftigen rief, würde der Götze dem künftigen Ehemann ein Zeichen geben. Dann würde er umgehend zu ihr kommen und sie zurückholen. Ähnliche merkwürdige Bräuche kennt man ja auf der ganzen Welt.

Aber noch hatte sich das hübsche Eingeborenenmädchen dem Götzenbild nicht zugewendet. Es handelte sich um eine Art Totempfahl mit einem dickbäuchigen, kriegerisch aussehenden, die Zunge herausstreckenden und stark bemalten polynesischen Liebesgott, der mit einem überdimensionierten Holzphallus ausgestattet war. Auf diese Weise sollte das Mädchen nicht vergessen, worum sich alles drehte.

Die meiste Zeit saß sie unter einer Palme und wendete dem Liebesgötzen den Rücken zu, oder sie starrte hinüber zu Robert Connollys kleiner Insel. Manchmal wagte sie sich auch in die Brandung, um mit ihrem Speer einen Fisch aufzuspießen, eine Fertigkeit, die sie bis zur Vollkommenheit beherrschte. Oft hatte Robert Connolly versucht, zu ihr hinüber-

zuschwimmen, aber die Haifische hatten umgehend nach ihm geschnappt, und jedesmal hatte er den Versuch, sie zu besuchen, aufgeben müssen.

Die Zeit verging, und immer stärker wurde sein Verlangen, zu dem hübschen braunen Eingeborenenmädchen hinüberzugelangen. Er dachte an sie, wenn er morgens die Augen aufschlug, und sie war noch in seinen Gedanken, wenn er abends einschlief.

Eines Tages aber geschah etwas Ungewöhnliches:

Er fing mit seiner Angel einen riesigen Tigerhai. Sechzehn Fuß lang war das Biest, der größte Hai, den er jemals gesehen hatte. Nach einem furchtbaren Kampf gelang es ihm, den Fisch an den Strand zu ziehen und zu töten. Als er ihn gerade abhäuten wollte, hatte er einen Einfall.

»By jove!« rief er aus. »Es ist auf jeden Fall den Versuch wert.« Dann zog er dem Tigerhai die Haut ab, eilte hinauf zu seiner Hütte und flocht aus zähen Wurzeln ein starkes, langes Band. Dann wollte er sich die Haut des Tigerhais über den Rücken ziehen, fest um den Körper binden und zu dem Atoll hinüberschwimmen, auf dem das Eingeborenenmädchen lebte. Verkleidet als Hai, so daß ihn die anderen Haie nicht als Menschen erkennen konnten.

Sein Herz hüpfte vor Erwartung über diese gute Idee. Zwar hatte er schon den ganzen Tag das Mädchen nicht mehr gesehen, aber es schien noch immer dort zu sein, denn es hatte sich kein Kanu gezeigt.

Seit Monaten hatte er kein Mädchen mehr im Arm gehabt, und er war fast sicher, daß das Mädchen drüben auf der Insel dieselben Gefühle für ihn hegen mußte wie er für sie.

Er wartete bis gegen Sonnenuntergang, dann kroch er in die Haut des Tigerhais, warf sich in die Wellen und schwamm mit kraftvollen Zügen in Richtung

Atoll. Die Haie beachteten ihn überhaupt nicht. Es sah beinahe so aus, als hätten sie vor dem großen, furchteinflößenden Tigerhai Angst. Alles ging gut, bis er das Atoll fast erreicht hatte.

Da erblickte das hübsche Eingeborenenmädchen den Tigerhai und schleuderte seinen Speer. Das spitze Gerät bohrte sich tief in sein armes, junges, verliebtes Seemannsherz, und das Meer, dessen Farbe sich beim Sonnenuntergang von Tiefblau über Grün und Gelb in flammendes Gold verwandelte, färbte sich rot vom Herzblut des Obermaats.

Das hübsche junge Eingeborenenmädchen entblößte eine Reihe blendend weißer Zähne zu einem glücklichen Lächeln.

Sie war nur ein kleines Polynesiermädchen, das überzeugt war, sie könne alle Haifische im Stillen Ozean mit ihrem Speer erlegen.

Und wenn dann keine Haie mehr übriggeblieben waren, wollte sie hinüberschwimmen, hinüber zu dem tollen, bärtigen weißen Mann mit dem großen, lebendigen Phallus unter seiner zerrissenen Tropenhose – und für immer bei ihm bleiben.

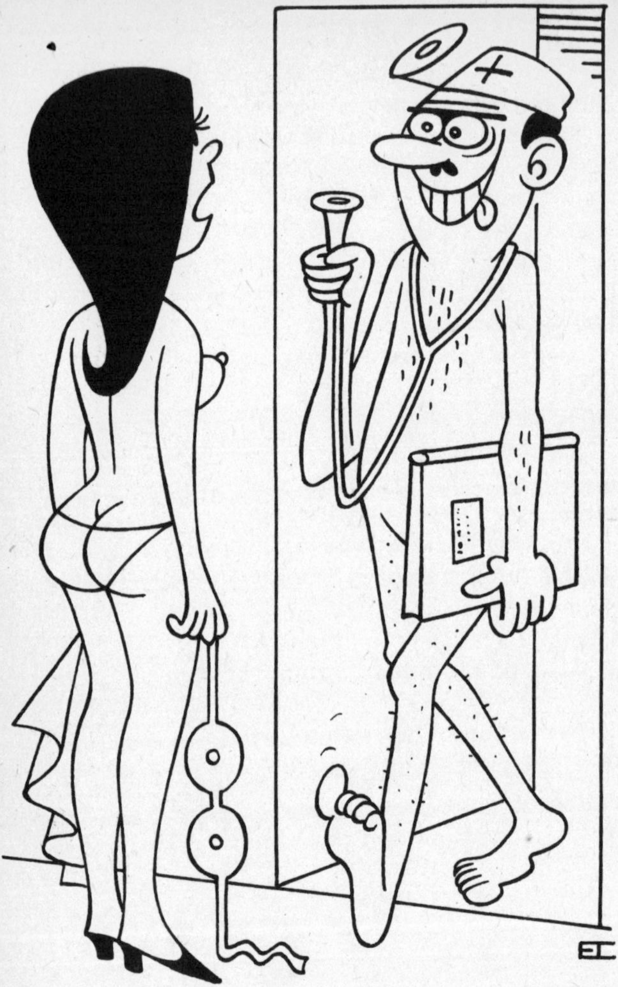

»Aber, Herr Doktor! Ich dachte, ich sollte mich ausziehen!«

»Ich höre gerade meinen Mann nach Hause kommen. Schnell, Doktor, schreiben Sie ein Rezept aus!«

Dies ist die Geschichte von einer der schärfsten Bienen während der Zeit der Musketiere, der schönen Solotänzerin an der Pariser Oper, Cléo de Chaiselongue, einer Künstlerin, die herzlos zusah, wenn ihretwegen die Klingen gekreuzt wurden . . .

Mademoiselle Cléo de Chaiselongue war Solotänzerin an der Pariser Oper zur Zeit Ludwigs XIV. Ihre fast kriminelle Schönheit führte dazu, daß sie heftig umschwärmt wurde. Ludwigs XIV. prominenteste Adelige standen geradezu Schlange, um Gelegenheit zu finden, sich ihr zu Füßen zu werfen und um ihre Gunst zu betteln.

Ihr tragisches Schicksal aber sollte allen jungen Mädchen zur Warnung dienen, wenn sie ebenso umschwärmt werden wie seinerzeit Mademoiselle Cléo. Unsere kleine Geschichte hat also gewissermaßen eine Mission, und das kann ja nur ein Vorzug sein.

Zu Beginn unserer Erzählung wurden die Klingen um Mademoiselles Gunst gekreuzt. Die eine führte ein berühmter Adliger, der kühne, junge Graf Julian d'Armaniac, die andere der Hauptmann der Garde Ludwigs XIV., der Baron de Camembert. Der Graf war als Meister der edlen Fechtkunst berühmt, geschmeidig und stark. Schnell zwang er seinen älteren Widersacher, einen Schritt zurückzuweichen. Sekundenlang war der Baron unaufmerksam, der Graf machte einen blitzschnellen Ausfall und durchbohrte das Herz des Barons.

»Das wäre geschafft«, rief der junge Graf mit einem beiläufigen Blick auf seinen gestürzten Widersacher, während er in seinen schwarzen Schaftstiefeln selbstbewußt zu Mademoiselle Cléos Kalesche hinüberschritt.

Madame erwartete ihn nahe dem kleinen, offenen Platz im Eau-de-Cologne-Wald, wo das Duell stattgefunden hatte.

Er warf sich in seiner Uniform in die Brust, schwang seinen großen, breitrandigen Hut in einem eleganten Bogen bis zur Erde und küßte höfisch und anbetend die schlanke, lilienweiße Hand von Mademoiselle Cléo.

»Oh! Dieu soit lou!« rief sie und bot ihm mit einem kleinen zufriedenen Lächeln einen Platz an ihrer Seite an, ehe sie gemeinsam fortfuhren.

Jeder Leser wird diese Affäre sicherlich recht romantisch finden, und jede Leserin würde vermutlich gerne mit der schönen, eleganten Mademoiselle Cléo getauscht haben. Man sollte aber bedenken, daß sie gerade mit kaltem Blut einen Menschen in den Tod getrieben hatte, der außer seiner Frau und seinen Kindern mehrere unversorgte Geliebte hinterließ – und daß sich solches Vorgehen meistens rächt.

Wenn die Leserin darüber nachgedacht hat, wünscht sie sich vielleicht nicht länger an die Stelle der jungen, schlanken Ballettänzerin. Wie alle wissen, die sich noch an ihr tragisches Schicksal erinnern, blieb die gerechte Strafe nicht aus.

Als sich das nächste Mal zwei Männer ihretwegen duellierten, taten sie es mit Pistolen. Die beiden, die Rücken an Rücken draußen im Eau-de-Cologne-Wald standen, um im nächsten Augenblick mit tödlichem Ernst 10 Schritte in ihre jeweilige Richtung zu machen, waren beide Leutnants der Bürgerwehr, und daraus wird der scharfsinnige Leser schließen, daß Mademoiselle Cléos Ruf nicht länger ganz makellos war, denn Offiziere der Bürgerwehr haben in Liebesaffären nicht gerade den besten Ruf.

Die beiden Leutnants gingen also schnell 10 Schritte in entgegengesetzte Richtung, drehten sich auf dem Absatz um und zielten.

Mademoiselle Cléo preßte ihre Hände an die Ohren, schloß die Augen und hielt die Luft an.

Päng!

Als sie sich wieder umdrehte und ihre großen blauen Augen öffnete, lag der eine ihrer Verehrer mit einer Schußwunde im Herzen auf der Erde.

»Das wäre geschafft«, murmelte sein Widersacher und reichte die noch rauchende Pistole seinem Sekundanten. Mit festem Schritt näherte er sich sodann Mademoiselle Cléos Kalesche und erwies ihr seine Reverenz, indem er ihre ausgestreckte weiße Hand ausgiebig küßte. »A merveille!« lächelte Mademoiselle Cléo und bat den Leutnant, neben ihr Platz zu nehmen. Gemeinsam fuhren sie von dannen.

Findet der Leser immer noch, daß sich das sehr romantisch anhört? Wünschen Sie sich erneut an Mademoiselle Cléos Stelle? Nun gut, dann sollen Sie jetzt das Schicksal der Protagonistin in seiner vollen Tragik erfahren.

Als sich zwei Männer beim dritten Mal um Cléos Gunst stritten, handelte es sich um den Hosenschneider Johannes Zauberbux und einen Bogenschützen der Bürgerwehr, einen argen Trunkenbold namens Matthieu. Schauplatz der Handlung war Marc Robouss' Kneipe in der Rue de la Rôtisserie, und man entschied den Streit innerhalb weniger Sekunden.

Cléo warf den beiden Männern eine Münze zu – und dann einigten sich die beiden auf Kopf oder Zahl.

Dies ist die Geschichte eines unternehmungslustigen Mädchens, dem es bei einer abendlichen Party zu heiß wurde und das sich deshalb mit dem jungen, draufgängerischen Fliegerleutnant in den kleinen chinesischen Pavillon mitten im Park zurückzog, um dort ein wenig Abkühlung zu finden.

Fliegerleutnant Per Holm hatte ausgesprochenes Pech mit seiner Tischdame, der Frau des Obersten. Während des Festessens plapperte sie ohne Punkt und Komma, als habe sie ein Tonbandgerät verschluckt, das auf größte Schnelligkeit eingestellt war. Außerdem war sie so korpulent, daß Per, sobald er die Hand erhob, um einen Löffel der delikaten Schildkrötensuppe zum Munde zu führen, einen Stoß erhielt, so daß die Suppe über den Löffelrand schwappte und Per Holm nichts anderes blieb als ein flauer Geschmack im Mund. Ach, das Fest schien wirklich ein großes Fiasko zu werden, soweit es Per betraf ... und doch! Plötzlich fühlte er, wie er beobachtet wurde. Er ließ seinen Blick über die lange Reihe festlich gekleideter Herren und Damen auf der gegenüberliegenden Seite des Tisches wandern. Sein Blick verharrte bei einer schönen, rotblonden, stark dekolletierten Dame, die den unglaublich langweiligen Schiffsreeder Nummesleben als Tischherrn an ihrer Seite hatte, einen Mann mit einer Halbglatze und einem vorspringenden Unterkiefer.

Aha, dachte Per, eine Leidensgefährtin!

Er lächelte der rotblonden Dame verständnisvoll zu, und sie erwiderte sein Lächeln. Etwas später erhob Per sein Glas und prostete ihr diskret zu, ohne daß es die Frau Oberst entdeckte.

Beim Nachtisch, als die erlesenen Dessertweine ihre Wirkung zu tun begannen, warf ihm die rotblonde Dame ein verstohlenes Kußhändchen zu. Später am Abend tanzte er ausgiebig mit ihr.

Sie war ein munteres Mädchen, das gut in seinen Armen lag und sich willig damit abfand, während des Tanzes mehrfach so eng an ihn herangezogen zu werden, daß sie deutlich spüren konnte, einem wie starken Geschlecht ihr Tanzpartner angehörte ...

»Wollen wir nicht Brüderschaft trinken?« schlug er nach einer kleinen Pause vor.

»Brüderschaft?« wiederholte sie und sah ihn verblüfft an.

Der Vorschlag überraschte sie offensichtlich.

»Ja, warum nicht? Wir verstehen uns doch prima.«

»Also gut«, nickte sie. »Prost, du!«

Im Verlauf des Abends tranken sie eine ganze Menge. Per vergaß vollkommen, wie langweilig der Abend für ihn begonnen hatte, und es hatte ganz den Anschein, daß Isabella – so hieß die Rotblonde – sich in seiner Gesellschaft nicht zu langweilen schien.

»Puh, ah«, sagte sie plötzlich, »ist es hier nicht sehr heiß?«

Per griff den Gedanken bereitwillig auf.

»Ja«, bestätigte er, »siedendheiß! Wir sollten lieber in den kleinen chinesischen Pavillon draußen im Park gehen. Dort ist es sicher kühler.«

So verschwanden sie schnell in der Dunkelheit.

Nachdem sie ein paar Minuten auf den seidenbezogenen Bänken am Bambusgeflecht des Pavillons gesessen und den Sternenhimmel der Augustnacht beobachtet hatten, zog Per sie plötzlich an sich heran und fing ihre Lippen mit einem heißen, sehr intimen Kuß.

Unverzüglich ließ er seine Hand zu einer Entdekkungsreise unter ihren Minislip gleiten.

Mit viel Routine fand er den kleinen Urwald, den er suchte ... dann packte ihn Isabella hart am Handgelenk und gebot weiteren Forschungsunternehmungen durch die verführerische Wildnis ein gebieterisches Halt.

»Nein«, entschied sie, »hör auf damit! Ich bin eine verheiratete Frau.«

»Und ich bin ein verheirateter Mann«, räumte Per ein, »aber herrje – so ein kleines Gesellschaftsspielchen braucht man doch nicht so schwer zu nehmen. Ich will dich haben – jetzt sofort! Erst dadurch wird der Abend richtig schön.«

»Du bist wohl nicht recht bei Trost? Was würde deine Tischdame sagen?« hänselte sie ihn.

»Meine Tischdame«, schnaubte er geringschätzig, »ich möchte ihre zweihundert Pfund nicht wieder vor die Augen bekommen. Was ich mir wünsche, das ist so ein kesser kleiner Käfer, wie du einer bist.« Dann zwang er sie rücklings auf den großgemusterten Seidenbezug der Bank. Dieses Mal war sie wie Wachs in seinen Armen.

»Laß mich erst meinen dummen Slip ausziehen«, flüsterte sie. Per war sich darüber klar, daß damit alles wunschgemäß lief.

Der Abend war für Fliegerleutnant Holm gerettet.

»Oh, du bist wirklich große Klasse, Per!« flüsterte sie hinterher. »Das bin ich immer, wenn ich einen kleinen Schwips habe«, sagte Per stolz und fügte hinzu: »Du glaubst gar nicht, Isabella, wie ich mich in dich verknallen könnte, wenn ich nicht ...«

Isabella zog ihren Slip an und brachte ihr Kleid in Ordnung.

»Wenn du nicht – was?«

Per flüsterte mit einem tiefen Seufzer voller Selbstmitleid:

»Wenn ich nicht schon mit dir verheiratet wäre . . .«

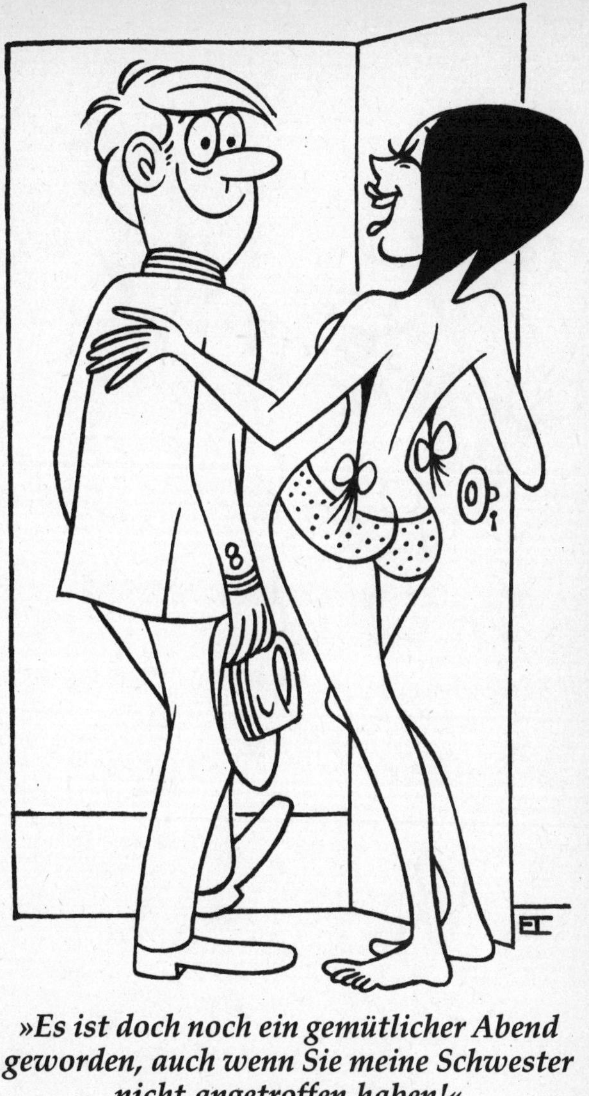

»Es ist doch noch ein gemütlicher Abend geworden, auch wenn Sie meine Schwester nicht angetroffen haben!«

»Blumen und Wein, Wilhelm? Was hast du eigentlich vor?«

Dies ist die Geschichte einer schönen Frau, die einmal zu den verführerischsten Damen von London gehörte: die unsterbliche Lady Eliza, das Straßenmädchen, das Professor Higgins zu einer wirklichen Dame machte.

Sie erinnern sich doch an *My fair Lady*, nicht wahr? Das Theaterstück, das seinen Siegeszug durch die ganze Welt antrat. Und vielleicht erinnern Sie sich auch daran, wovon es handelt: nämlich von dem Straßenmädchen Eliza, das von dem hochgebildeten, jungen Professor Higgins aus der Gosse aufgelesen wird; später heiratet er sie und macht sie zu einer wirklichen Dame.

Aber wie erging es dem Professor und seiner Eliza in den darauffolgenden Jahren? Lebten sie glücklich, dieses ungleiche Paar, das sie trotz allem waren? Die Antwort lautet: Ja. Sie lebten besonders glücklich und bekamen hübsche, artige und hochintelligente Kinder und Enkel. Und ein halbes Jahrhundert verging.

An einem stürmischen Herbstabend blicken wir in Professor Higgins Landsitz, Tavistock Hall, einer dunklen Anhäufung von Mauersteinen mit glasiertem Ziegeldach und mit einer Unzahl antiker Fenster, geheimnisvoll, vielleicht etwas düster. Tavistock Hall liegt inmitten einer wunderbar gepflegten Grafschaft, wie es sich für England gehört. In Professor Higgins Bibliothek flackert das Feuer warm und gemütlich im gemauerten Kamin und wirft einen rötlich, flackernden Schein auf die Wände, die mit Mahagoni bekleidet sind. Grauhaarig, gealtert, aber immer noch nach der letzten Londoner Mode gekleidet, mit karierter, enger Hose und einer Manchesterjacke aus irischem Grün sitzt der Professor bei seinem goldenen Glenmoure-Whisky, nippt genießerisch daran und wirft einen freundlichen und verehrungsvollen Blick hinüber zu Lady Eliza, die mit ein paar hübschen, wohlerzogenen und ganz hinreißenden Enkeln auf dem Schoß kleine, unschuldige Sandmännchen-Märchen erzählt.

Die Jahre sind auch an Lady Eliza nicht spurlos vorübergegangen, ihr hübsches, aber dünnes schneeweißes Haar trägt sie zurückgekämmt, so daß die vornehmen Augenbrauen und die niedlichen kleinen Runzeln besser zur Geltung kommen. Sie trägt ein elegantes, am Hals hochgeschlossenes schwarzes Kleid von vornehmer Würde. Ihre ganze Erscheinung verrät dem Betrachter, daß man hier eine willensstarke Frau von aparter Eigenart vor sich hat, eine wirkliche Dame, eine Lady der höchsten englischen Gesellschaftsschicht.

Draußen spielen die Herbststürme mit den fallenden gelben Blättern, aber die herbstlichen Witterungsunbilden haben keinen Einfluß auf Tavistock Hall, und schon gar nicht auf die Enkel. So lauschen sie gebannt den Gutenachtgeschichten ihrer Großmutter Eliza. Als sie schließlich schweigt, greift die hübsche, kleine sechsjährige Elisabeth mit dem roten Seidenhaarband nach der faltigen Hand der alten Dame und bettelt um eine weitere Geschichte.

»Nein!« sagt Lady Eliza und läßt ihr goldenes Lorgnette sinken, während sie gleichzeitig Professor Higgins einen warmen und verliebten Blick zuwirft. »Nicht mehr heute abend! Für diesmal ist es genug, liebe Kinder.«

»Doch, Großmutter«, bettelt der kleine siebenjährige Edward, »nur noch eine einzige klitzekleine Geschichte.«

Lady Eliza blickt auf die vornehme uralte Standuhr mit dem dekorativen Zifferblatt.

»Nein, Kinder, es ist längst Schlafenszeit für euch, ich habe euch jetzt die Geschichte von der kleinen Dorit und dem Drachen erzählt, ich habe von Alice im Wunderland vorgelesen, von Jack mit der Bohnenstange und vom großen Bastian. Mehr erzähle ich heute abend nicht mehr. Seid jetzt lieb, gebt Opa Higgins einen Gutenachtkuß, und dann ab nach oben in eure Schlafzimmer. Ich komme dann bald und sehe nach, ob ihr alle brav im Bett liegt.«

Aber so schnell geben die kleinen Plagegeister sich nicht geschlagen.

»Nur noch eine Geschichte, Großmutter, dann lassen wir dich auch in Ruhe«, betteln sie im Chor.

Aus seinem gemütlichen Sessel mit braunem Ochsenleder nickt Professor Higgins nachgiebig und ermunternd seiner Frau zu, nun doch noch eine allerletzte Geschichte zu erzählen.

»Gut«, lächelt die liebe alte Dame und streicht mit ihrer dünnen, runzligen Hand das engelhaft weiße Großmutterhaar aus der Stirn, »dann will ich noch eine einzige Geschichte erzählen. Ihr dürft selbst einen Wunsch äußern.«

Die kleine Elisabeth mit den blonden Locken und dem roten Seidenband im Haar greift nach Großmutter Elizas Hand und sieht sie mit großen Kinderaugen erwartungsvoll an.

Dann ertönt ihre reine, unschuldige Kinderstimme:

»Ja, Großmutter, erzähl uns doch von damals, als du noch eine Treppenhausnutte im Londoner Westend gewesen bist!«

»Heinrich! Die letzten Gäste sind noch nicht gegangen!«

»Nicht heute abend, Schätzchen, ich habe gerade ein neues Buch über lustigen Sex angefangen!«

»Jetzt funktioniert Ihr Fernsehapparat wieder!«

Dies ist die Geschichte einer lebenslustigen jungen Frau, die immer genau wußte, wo ihr Mann steckte, ihr Julle – nämlich drüben im Hauptpostamt, wo er Überstunden machte. Und wenn Julle Überstunden machte, ließ sich Fanny viele kleine, lustige Spiele in ihrem Schlafzimmer einfallen.

Julius Jensen, von Freunden nur Julle genannt, war Postbeamter. Genauer gesagt: Briefsortierer. Er brauchte also nicht in der Stadt herumzurennen, um Post auszutragen, nein, er saß warm und trocken in der Hauptpost. Pünktlich auf den Glockenschlag war er jahrein, jahraus an seinem Arbeitsplatz und dehnte seine Frühstückspause niemals auch nur zwei Minuten über die festgesetzte Zeit hinaus aus. Und er machte nie Schluß, ehe er nicht wirklich Feierabend hatte.

Seine Frau wußte immer, wo er war, nämlich drüben im Hauptpostamt. Und junge Frauen, die stets genau wissen, wo ihr Mann steckt, können sich manchen lustigen kleinen Zeitvertreib ausdenken. Apropos Spiele: Es ging auf Weihnachten zu, und wenn sich die Weihnachtszeit nähert, setzt in den Postämtern der große, hektische Betrieb ein. Julle wurde beauftragt, die vielen Briefsortierer zu beaufsichtigen, die man zusätzlich eingestellt hatte, damit die Weihnachtspost rechtzeitig die Empfänger erreichte. Das führte dazu, daß Julle Überstunden bis tief in die Nacht hinein machen mußte.

Ein paar Tage vor Weihnachten hielt es Julle nicht

länger aus. Die furchtbare Weihnachtshektik ging ihm auf die Nerven. Er sank auf einem Postsack zusammen und faßte sich an den Kopf.

»Was ist los, Julle«, fragte der Amtsvorsteher, »ist Ihnen schlecht geworden?«

Julle versuchte, sich zusammenzunehmen, und richtete sich ein wenig auf dem Postsack auf, aber er schaffte es nicht.

»Ich habe gewiß zu hart gearbeitet, Herr Amtmann«, sagte er mit tiefer Müdigkeit in der Stimme. »Ich weiß, daß es jetzt erst 22.30 Uhr ist und ich noch vier Stunden Arbeit vor mir habe, aber . . .«

Julle sank in sich zusammen wie ein nasser Lappen. Er hatte nicht einmal mehr die Kraft, den Satz zu beenden.

»Es geht nicht mehr, Julle«, sagte der Amtmann und legte voller Verständnis seine Hand auf Julles bebende Schulter. »Sie sind total fertig. Gehen Sie lieber nach Hause, und legen Sie sich zu Bett, Ihr Körper braucht Ruhe. Zur Abwechslung sollten Sie einmal zeitig zu Bett gehen, damit Sie morgen früh wieder frisch und munter an Ihre Arbeit gehen können.«

Julle zog seine Uniformjacke aus und schlich nach Hause. Kurz vor 23.00 Uhr war er in seiner Wohnung, vier Stunden früher, als ihn seine Frau zurückerwartete. Er steckte den Schlüssel in die Flurtür und trat lautlos ein. In der Wohnung brannte kein Licht. Fanny, seine hübsche junge Frau, war offenbar schon zur Ruhe gegangen. Er mochte sie nicht wecken und schlich deshalb leise ins Schlafzimmer, wo es stockdunkel war.

»Bist du es, Julle?« ertönte die Stimme seiner Frau aus dem Doppelbett.

»Ja«, flüsterte Julle, »ich bin's. Mir ist während des Dienstes schlecht geworden, und der Amtsvorsteher hat mir deshalb erlaubt, früher heimzugehen und mich auszuschlafen. Ich ziehe mich im Dunkeln aus. Schlaf man weiter, mein Schatz.«

Julle hängte seine Uniformjacke über einen Stuhl, dann tappte er rüber ins Badezimmer, putzte sich die Zähne, schlich ins Schlafzimmer zurück und zog auch die Hose aus. Aus dem Doppelbett ertönten stöhnende Geräusche. Das Bett knarrte.

»Du schläfst so unruhig«, flüsterte Julle, um Fanny nicht vollends aufzuwecken, »du bist doch nicht etwa krank?«

»Doch«, tönte Fannys klägliche Stimme aus der Dunkelheit, »ich habe schreckliche Kopfschmerzen, einen Migräneanfall. Ich kann es kaum aushalten, und wir haben keine Kopfschmerztabletten mehr im Haus. Zieh dich doch bitte noch einmal an, Julle, geh zur Apotheke und hole mir eine Schachtel.«

Dazu war Julle gerne bereit. Er tastete sich bis zum Stuhl am Fußende des Bettes, griff nach seiner Jacke, zog sie an und ging zur nächsten Apotheke.

»Ich möchte eine Schachtel mit starken Kopfschmerztabletten für meine Frau«, sagte er zum Provisor. »Sie hat furchtbare Kopfschmerzen.«

Der Provisor sah Julle verwundert an.

»Sagen Sie mal: Sind Sie nicht Julius Jensen, drüben von der Hauptpost?«

»Ja, ich bin Julius Jensen, Briefsortierer bei der Hauptpost.«

»Merkwürdig«, sagte der Provisor und reichte ihm die Pillenschachtel.

»Was tragen Sie für eine Jacke? Warum verkleiden Sie sich denn als Polizist?«

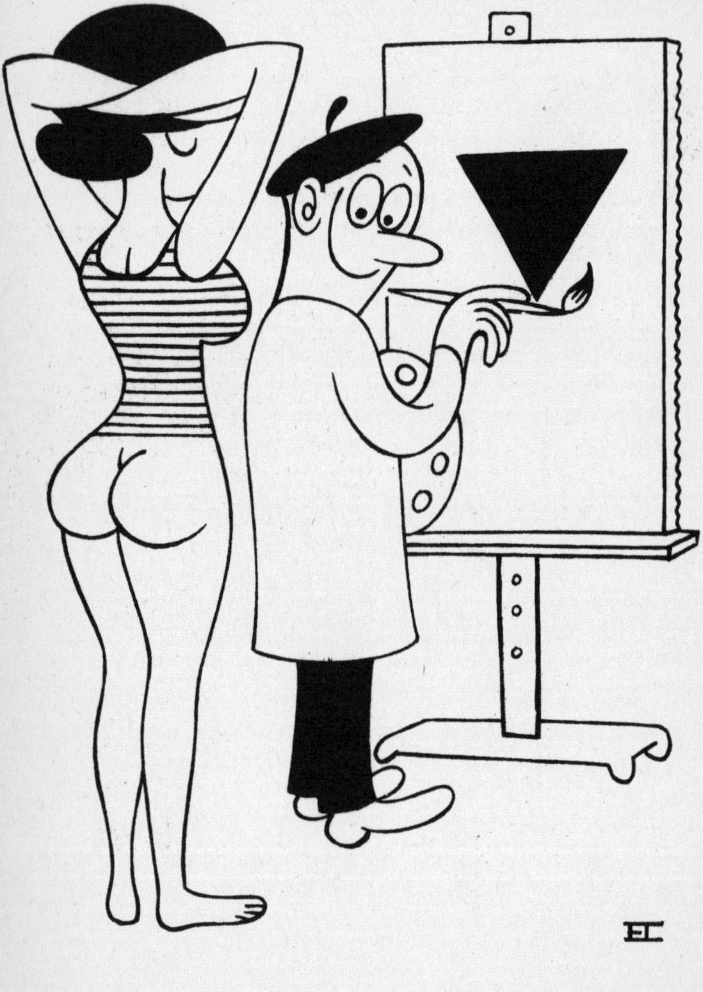

Dies ist die Geschichte des amerikanischen Industriemagnaten Gilbert Morton, der mit zwei Frauen auf einem Floß im Stillen Ozean herumtrieb.

Nach vielen Jahren harter Arbeit gönnte sich der bekannte amerikanische Industriemagnat Gilbert Morton endlich einmal Ferien. Er machte eine Weltreise mit dem Luxusdampfer ›Ozean-Star‹. Die Kreuzfahrt wurde allerdings nicht das, was er sich davon versprochen hatte, denn unglücklicherweise hatte seine Frau Patricia darauf bestanden, ihn auf dieser Reise zu begleiten. Und wenn wir verraten, daß das Ehepaar seit 18 Jahren wie Hund und Katze miteinander lebte, wird man verstehen, daß die Reise zu einer ziemlichen Enttäuschung zu werden versprach.

An Bord fehlte es freilich nicht an jungen, schönen Frauen; was fehlte, war die Gelegenheit, sie näher kennenzulernen.

Patricia hatte ihre Augen auch im Nacken. Sie sah und hörte einfach alles. Nur ein einziges Mal während der ganzen Reise vergaß sie, ihren Schürzenjägerehemann zu beaufsichtigen, nämlich gerade in dem Augenblick, als die ›Ozean-Star‹ in der Nähe der Freundschaftsinseln im Stillen Ozean auf ein Unterwasserriff lief und innerhalb weniger Minuten sank.

Nachdem Gilbert einige Zeit geschwommen war, fiel sein Blick auf ein Floß aus dicken Baumstämmen.

Es gehörte jungen, abenteuerlustigen amerikanischen Wissenschaftlern, die die Reise mitgemacht hatten. Nun trieb es verlassen mitten im Ozean.

Es gelang Gilbert, das Floß zu erreichen. Dann zog er den bekannten Fernsehstar Diana Twist, die nicht nur Schönheitskönigin, sondern auch ein Fotomodell war, zu sich an Bord.

Gilbert machte große Augen, als er sah, was er für Glück gehabt hatte. Er war schon während der ganzen Reise in Diana verliebt gewesen, und obendrein hatte er das Gefühl, daß auch er ihr nicht gleichgültig zu sein schien.

Als sie den schweren Schock überstanden hatte, strich sie sich die nassen blonden Locken aus der Stirn und lächelte ihn an. Er fühlte, wie sein Herz unregelmäßig zu schlagen begann, und beeilte sich, ihr Lächeln zu erwidern.

»Puh – ha«, rief sie, »das war ein böser Schrecken.«

Ehe Gilbert antworten konnte, erschien am Rand des Floßes ein Kopf und prustete ihm einen kräftigen Wasserstrahl ins Gesicht. Es war Patricia. Der Teufel hole sie.

»Ach, du bist es, mein Schatz«, murmelte Gilbert und überlegte ein paar Sekunden, ob er ihr auf die Finger schlagen sollte, damit sie das Floß wieder losließ. Aber dann siegte sein gutes Herz dank eines aufmerksamen Blickes der erschöpften Patricia, und er zog seine Frau auf das Floß. Das war eine Aufgabe, die einen ganzen Kerl erforderte, denn sie war fast ebenso umfangreich wie ein mittelgroßer Hippopotamus (das lateinische Wort für Flußpferd). Aber an Bord kam sie, und damit haben wir die klassische Konstellation: ein Mann und zwei Frauen auf einem Floß irgendwo im Stillen Ozean.

Kann man eine bessere Ausgangsposition verlangen für eine spannende Geschichte? Wir wollen sehen, wie es weiterging.

Das Floß trieb schnell von jener Stelle, wo die ›Ozean-Star‹ untergegangen war. Die Sonne brannte zwar unbarmherzig, aber es ließ sich aushalten. Wasser und Konserven waren genug an Bord des Floßes.

Es wurden nicht viele Worte gewechselt. Gilbert saß mit einem abwesenden Ausdruck da. Der große Augenblick, der sich durch Patricias Erscheinen so schnell und unabwendbar wie eine platzende Seifenblase verflüchtigt hatte – das ganze romantische Abenteuer war schon zerronnen, noch ehe es begonnen hatte.

Diana war damit beschäftigt, ihre blonden Locken wieder zu ordnen, während Patricia nur dahockte und ihr feindselige Blicke zuwarf. So verging der Tag. Die Sonne ging unter. Es wurde Nacht, am Himmel funkelten die Sterne.

Gilbert konnte nicht einschlafen. Er erhob sich vorsichtig und stellte fest, daß die beiden Frauen, die sich in Decken eingehüllt hatten, in einen tiefen Erschöpfungsschlaf gefallen waren. Da hatte er eine Idee. Aus der Notausrüstung des Floßes nahm er eine Säge und begann behutsam die Manilaseile durchzufeilen, welche die Holzstämme zusammenhielten. Er hatte beschlossen, das Floß in zwei gleich große Teile aufzuteilen. Damit verging fast die ganze Nacht. Schließlich konnte er mit einem Seufzer der Erleichterung die andere Hälfte abstoßen.

»Leb wohl, Patricia«, murmelte er und fügte fromm hinzu, »wir wollen hoffen, daß du gerettet wirst.«

Ein schöner und menschenfreundlicher Wunsch, aber Gilbert war nun einmal eine selten gute Seele. Der abgetrennte Teil des Floßes trieb immer weiter davon, zuletzt verschwand er ganz. Mit einem erwartungsvollen Ausdruck in den Augen und während ihm das Wasser im Mund zusammenlief, beugte er sich über seine schlafende Schöne, griff unter die Decke, legte seine Arme um sie und drückte einen leidenschaftlichen Kuß auf ihren Mund.

»Geliebte, wir sind allein«, jubelte er.

Sie riß die Decke zur Seite und richtete sich auf.

Es war Patricia.

»Hilfe, ich werde blind!«

»Hat der Kerl schon sein Testament gemacht?«

Dies ist die Geschichte eines Mädchens, das es nicht länger aushalten konnte, mit einem so stupiden Kerl wie dem Chicago-Gangster Robby Killer verheiratet zu sein, weil er die Angewohnheit hatte, jeden Morgen am Frühstückstisch Zeitung zu lesen.

Es war fast so etwas wie eine Heimsuchung, mit Robby Killer, dem gefürchteten Chicago-Gangster, verheiratet zu sein.

Sally hatte ihn sieben Jahre lang ertragen, aber nun war sie ziemlich verzweifelt. So verzweifelt, daß sie bereit war, das Äußerste zu tun, um seinen Anblick nicht länger ertragen zu müssen. Merkwürdig genug, da sie ihn ohnehin so gut wie nie zu Gesicht bekam.

Denn Robby hatte die unerträgliche Angewohnheit, sich stets hinter seiner Zeitung zu verstecken. Wenn sich Sally an den Frühstückstisch setzte, sah sie nur die Morgenzeitung. Kaum, daß er sie einmal senkte, um sich noch eine Tasse Kaffee einschenken zu lassen.

Frauen verachten Männer, die am Frühstückstisch nur Zeitung lesen und für ihre Frau nicht das geringste Interesse bekunden.

Dabei ließen Sallys Formen wahrscheinlich keinen Wunsch offen. Sie hätten es verdient, von oben bis unten bewundert zu werden. Jeder andere Mann als ausgerechnet Robby hätte sich gewünscht, ihre wohlproportionierte Figur in dem durchsichtigen schwarzen Morgenrock zu betrachten, und jeder andere Mann hätte schleunigst seine Zeitung vergessen und sich bei der stets sexbereiten Sally eine Aufmunterung für den beginnenden Tag geholt. Aber nur nicht Robby. Er hielt sich an seiner Zeitung fest, der *Chicago Times*.

Der Weg zu einer dramatischen Geschichte ist kurz, wenn man erlebt, daß ein Mann seit sieben Jahren jeden Morgen am Frühstückstisch Zeitung liest, denn die Ehefrau erreicht dann einen Punkt, wo sie es unerträglich findet, an einem solchen Frühstück teilnehmen zu müssen.

Der Tag, von dem wir hier berichten, begann wie jeder andere – nur hatte Sally an diesem Morgen einen scharf geladenen Revolver in der Hand, als sie ihren Platz Robby gegenüber einnahm.

»Guten Morgen, mein Bester«, sagte sie, wie sie es seit sieben Jahren getan hatte.

»Guten Morgen«, erwiderte eine uninteressierte Stimme hinter der Zeitung.

Sally nippte ein wenig an ihrem Grapefruitsaft.

»Du bist heute nacht spät nach Hause gekommen, Robby«, fuhr sie fort, »stand etwas Besonderes auf deinem Programm?«

»Hm.«

»Habt ihr die Bank in Scarsdale geleert, von der Louis gesprochen hat?«

»Hm.«

»Heißt das ja?«

»Nein.«

Sally sandte einen haßerfüllten Blick über die Zeitung hinweg. Robby hörte, was er hören wollte, aber nicht mehr.

Sie nippte wieder an ihrem Saft.

»Inspektor Branigan hat angerufen.«

»Hm.«

»Der FBI hat Larry geschnappt.«

»Hm.«

»Dem ist der elektrische Stuhl sicher, meinte Branigan.«

»Hm.«

Sallys Hand umspannte den Revolver fester. Konnte dieser Schafskopf nicht einen Augenblick die Zeitung sinken lassen und fragen, auf welche Weise man Larry gefaßt hatte? Vielleicht war der FBI auch auf der Spur von Robby? Seine Sicherheit mußte ihm doch mehr bedeuten als die blöde Morgenzeitung, oder war er wirklich so damit beschäftigt, daß er nicht mehr hörte, was sie sagte?

Sie machte einen neuen Versuch.

»Sag mal, warst du mit Lizzibelle, dieser großen, fetten Blondine mit den Kuhaugen, die du im Seven-Star-Club in Las Vegas aufgegriffen hast . . . warst du mit der gestern abend zusammen?«

»Hm.«

»Hast du wirklich diesen häßlichen, fetten Fleischklumpen vernascht? Bist du etwa deshalb so spät nach Hause gekommen?«

»Hm.«

Nein, es war hoffnungslos. Warum ließ er nicht die Zeitung sinken und sagte, was sie sich doch selber ausrechnen konnte, daß er nicht mit der Blondine aus Las Vegas zusammengewesen war, wenn sie, Sally, sehr gut wußte, daß Lizzibelle wegen Zuhälterei hinter Gittern saß?

Nein, sie konnte ihn einfach nicht länger ertragen. Es mußte Schluß gemacht werden, gleichgültig, was hinterher mit ihr geschah. Langsam hob sie den Revolver und zielte auf seine Brust.

»Hast du etwas dagegen, Liebster, wenn ich dich

jetzt abknalle?« fragte sie mit übertrieben zärtlicher Stimme und beugte sich vornüber.

»Hm.«

Dieser große, dumme Klotz! Er hörte natürlich überhaupt nicht hin, wenn sie etwas sagte. Das sollte ihn teuer zu stehen kommen! Das sollte ihn sein elendes Leben kosten!

»Dann erschieße ich dich jetzt, Darling, mein Robbyboy.«

»Hm.«

Sie zählte bis drei – dann schoß sie.

Robby ließ seine Zeitung sinken und knöpfte seine Jacke auf.

»Sieh doch«, sagte er mit einem schwachen, unheilverkündenden Lächeln, ich trage seit neuestem eine kugelsichere Weste.«

»Die jungen Mädchen haben heutzutage kein Anstandsgefühl. Sie qualmen in aller Öffentlichkeit!«

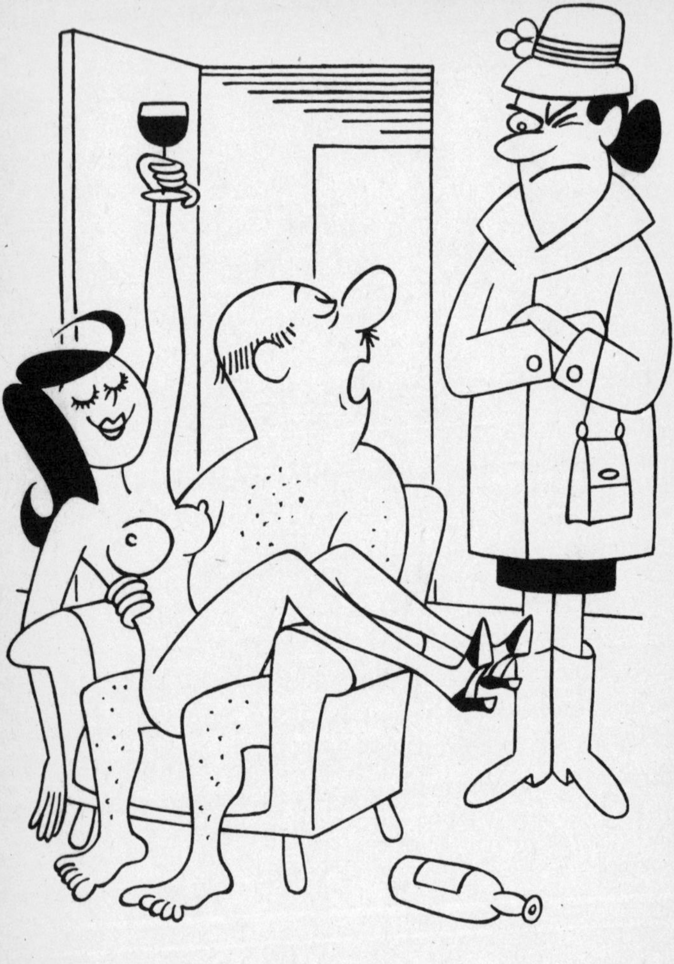

»Um mal von etwas anderem zu sprechen: Was gibt's heute zu Mittag?«

Dies ist die Geschichte von dem Mädchen, das einen kleinen, unbedeutenden Mann heiratete, der von sich glaubte, er könne alles ebensogut wie ihr erster Mann, der wunderbare Alastair.

Betsy war schon einmal verheiratet gewesen. Das konnte Harald bisher nicht von sich sagen, aber nun war er im Begriff, sein Junggesellendasein aufzugeben. Betsy war seine Auserwählte.

Er wußte nicht, worauf er sich einließ, aber er sollte es bald erfahren. Sehr bald. Er bekam einen kleinen Vorgeschmack, als sie nach der Trauung die Kirche verließen.

»Alastair«, sagte Betsy (Alastair war ihr geschiedener Mann), »Alastair hätte nicht an der falschen Stelle ja gesagt, Alastair hätte nicht so mit dem Ring herumgefummelt. Alastair hätte mich nicht im falschen Augenblick eingehakt.«

Harald errötete beschämt über seine Ungeschicklichkeit. Dann traten sie die Hochzeitsreise an.

»Alastair hätte mir ein solches Hotel nicht zugemutet«, sagte Betsy, als sie in ihr Hochzeitsgemach Einzug hielten.

»Von hier aus hat man nicht einmal einen ordentlichen Blick über das Mittelmeer.«

Als sie sich ins Hochzeitsbett legten, tat zwar Harald das, was ein Bräutigam zu tun pflegt, wenn er mit seiner Braut im Bett liegt, aber . . .

»Alastair hätte es nicht so gemacht«, sagte Betsy hinterher.

»Alastair hätte mich dahin gebracht, daß ich vor Freude gejapst hätte, und dann hätte er dafür gesorgt, daß ich vor Wonne laut losgeschrien hätte, aber du ... Na, ja, du hast mir das geboten, was von dir zu erwarten war. Aber mit Alastair kannst du dich wirklich nicht messen, nein, nein, nein!«

Dann weinte sie ein bißchen, drehte sich traurig auf die andere Seite und schlief ein.

Und damit war das Thema Hochzeitsnacht abgehakt.

In der darauffolgenden Zeit mußte sich Harald unzählige Male anhören, was Alastair getan oder nicht getan hätte. Die beiden waren noch nicht lange verheiratet, als es für Harald endgültig klar wurde, daß Alastair ein wahrer Mustergatte gewesen war, während er selbst keine andere Bezeichnung verdiente, als eine trübe Tasse zu sein. Mehrere Male lag es ihm auf der Zunge, sie zu fragen, warum, in drei Teufels Namen, sie sich von einem solchen Prachtexemplar hatte scheiden lassen. Aber das wagte er denn doch nicht. Das wäre im höchsten Grade unfein gewesen. Eine derart ordinäre Frage würde Alastair niemals gestellt haben. Also schluckte Harald lieber alles hinunter.

Die Zeit verging.

Nach einem Jahr spukte Alastair unverändert in Betsys Gedanken. »Was soll das denn heißen?« pflegte sie auszurufen, wenn sie unerwartet ins Herrenzimmer trat, wo Harald sein Pfeifchen rauchte und seine Finanzzeitschrift las. »Legst du wirklich deine Beine auf unseren kostbaren polierten Rauchtisch? So etwas hat Alastair niemals getan!«

Oder: »Alastair half mir immer bei der Abwäsche nach dem Essen, und hinterher ... hinterher passierte es nicht selten, daß er sein Interesse an mir bekundete, indem er mich auf den Küchentisch hob und dort vergewaltigte, auf eine feine, vornehme und elegante Weise, improvisiert und voller Phantasie. Und was tust du? Du sitzt nur da und machst vor dem Fernseher ein Nickerchen. Abend für Abend.«

»Alastair hat niemals vor dem Fernseher ein Nickerchen gemacht!«

Ist es da ein Wunder, daß Harald nachgerade Lust bekam, diesen einzigartigen Übermenschen kennenzulernen?

»Könntest du ihn nicht einmal zum Mittagessen einladen?« fragte er eines Abends. »Es wäre doch nett und aufschlußreich, ihm zu begegnen.«

Betsy saß da wie gelähmt. »Was hast du gesagt?« flüsterte sie. Einen solchen Vorschlag hätte Alastair niemals gemacht. »Wie kannst du nur so taktlos sein?« stieß sie hervor. »Alastair würde niemals . . .«

»Nein, sicher nicht.«

Und dann sprachen sie nicht mehr davon.

Die Zeit verging, aber nach einem weiteren Jahr fiel der Name Alastair noch immer, sobald sich Gelegenheit dazu bot. Und dieser Fall trat sehr oft ein. Zum Beispiel konnte sich Betsy eines Abends nur darüber wundern, daß Harald noch immer als einfacher Prokurist in der Firma saß, in der er angestellt war.

»Alastair wäre längst Direktor!«

»Oder Generaldirektor«, verbesserte Harald, übrigens sehr taktlos. Alastair wäre zu einer solchen sarkastischen Bemerkung gar nicht fähig gewesen.

»Generaldirektor?« Ja, warum nicht? Bei Alastairs Fähigkeiten hätte mich das überhaupt nicht gewundert!«

Betsy stieß einen tiefen Seufzer aus, um dadurch zu unterstreichen, daß sie niemals das Wundertier

Alastair gegen einen so hoffnungslosen Trottel wie Harald hätte eintauschen sollen.

Eines Tages aber geschah eine merkwürdige kleine Begebenheit, die dafür sorgte, daß Betsy Alastairs Namen nie mehr in den Mund nahm.

Es war ein dunkler und regnerischer Abend, als es an der Tür klingelte. Harald ging hinaus, um zu öffnen, und führte dann ein Gespräch mit einer männlichen Person.

Betsy ließ ihr Modejournal sinken und lauschte angespannt.

Die Stimme kam ihr bekannt vor.

Gerade wollte sie sich erheben und in den Flur hinausgehen, um sich zu überzeugen, ob es wirklich der war, den sie vermutete, als Harald hereinkam.

»Wer war es?« fragte sie gespannt.

»Alastair!« antwortete Harald mit einem merkwürdigen, seltsam triumphierenden Glitzern in seinen Augen.

»Ja, aber weshalb . . .«, stieß Betsy verwirrt hervor, »weshalb hast du ihn nicht hereingebeten? Was wollte er denn?«

»Warum ich ihn nicht hereingebeten habe?« murmelte Harald beiläufig und griff nach seiner Pfeife. »Weil er meilenweit nach Schnaps stank und um eine kleine Unterstützung für ein Nachtquartier bat. Seine letzten Kröten waren bei einem Besuch im Puff draufgegangen!«

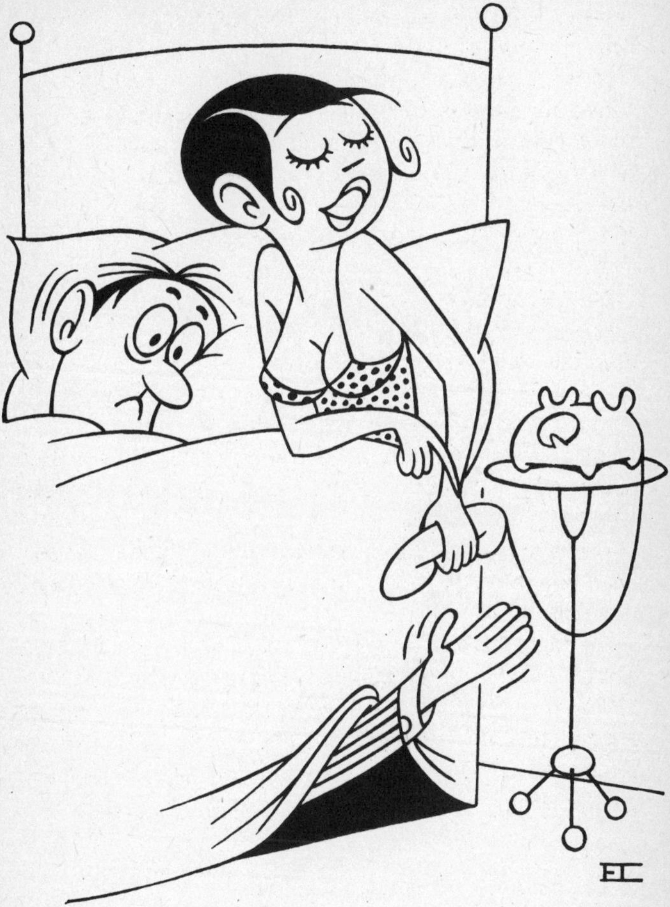

»Deine Frau möchte dich sprechen!«

»Soll ich jetzt eine Schlaftablette nehmen – oder was?«

Dies ist die Geschichte eines Ehemanns, der von seiner eifersüchtigen Ehefrau verdächtigt wurde, ein richtiger Casanova zu sein und sie mit sexhungrigen Bürovampiren, die sich für Sekretärinnen ausgaben, zu betrügen.

In Herbert Morissons Leben gab es noch andere Frauen. Gwendolyn hatte die Vermutung schon lange gehegt, aber nun war ihr Verdacht zur Gewißheit geworden. Sie hatte ein blondes Haar auf dem Kragen seines Sakkos gefunden, als sie ihn auf den Bügel im Kleiderschrank hängte. Sie selbst war dunkelhaarig, und Herbert noch dunkler.

Selbstverständlich distanzierten wir uns von den Gedanken, die durch ihren Kopf gingen, und von dem Plan, der nach und nach in ihrem Kopf reifte; aber andererseits darf man nicht vergessen, daß eine Welt für eine Ehefrau zusammenbricht, wenn sie sich enttäuscht, betrogen, hinters Licht geführt, beiseite geschoben fühlt.

Von einem dieser vollbusigen blonden Ungeheuer, diesen Bürovampiren, diesen sexhungrigen weiblichen Wesen, die sich unter dem Vorwand, ein bißchen Stenografie und ein wenig Schreibmaschine zu können, schwachen, charakterlosen Ehemännern aufdrängen und deren eheliches Glück zerstören.

Es war deutlich, daß Herbert von einem schlechten Gewissen geplagt wurde. Er verbrachte eine schlaflose Nacht nach der anderen in seinem Bett, warf sich ruhelos von einer Seite auf die andere, erhob sich, nahm ein paar Schlaftabletten, legte sich wieder hin, drehte sich um, stand wieder auf, nahm noch eine Schlaftablette und döste schließlich ein. Zwar behauptete er, seine Schlaflosigkeit sei auf geschäftliche Sorgen zurückzuführen, auf zu viel Streß, zu viel Verantwortung, zu viele Probleme. Aber Gwendolyn wußte es besser, und von Tag zu Tag wurde sie ihrer Sache sicherer. Nach und nach reifte in ihr der furchtbare Plan, den wir schon kurz angedeutet haben:

Sie wollte ihren Schuft von Mann in die Ewigkeit befördern. Sie wollte ihm eine Überdosis stärkster Schlaftabletten geben, so daß er nie mehr erwachte.

Eines Abends, als sie sich bereits zur Ruhe begeben hatten, lag Herbert wie gewöhnlich im Bett und wälzte sich ruhelos hin und her. Er konnte nicht einschlafen.

»Hast du heute in der Fabrik wieder viel Ärger gehabt?« fragte Gwendolyn gegen Mitternacht.

Herbert wälzte sich immer noch hin und her.

»Ja. Am liebsten möchte ich den ganzen Kram hinwerfen«, knurrte Herbert und drehte sich auf die andere Seite.

»Ich werde aufstehen und dir eine Tasse starken Kamillentee machen«, fuhr Gwendolyn mit klopfendem Herzen fort. »Das soll gut sein gegen Schlaflosigkeit.«

Gwendolyn stand auf und kochte Kamillentee. Als er fertig war, tat sie fünfzig von Herberts Schlaftabletten hinein und rührte sie gut um. Dann kehrte sie ins Schlafzimmer zurück und reichte Herbert den Tee.

»Schmeckt abscheulich«, brummte er, »aber trinken werde ich ihn. Ich brauche endlich einmal einen langen, tiefen Schlaf.«

Als die Tasse leer war, legte er sich behaglich

zurecht und faltete die Hände über der Decke, murmelte »Gute Nacht« und schloß die Augen.

Gwendolyn war zu aufgeregt, um einschlafen zu können. Sie lag nur da und lauschte seinen Atemzügen, die ihr schwerer und schwerer zu werden schienen. Mehrere Stunden lag sie unbeweglich da und starrte an die Decke. Trotz allem war Herbert ein guter Ehemann gewesen, und es konnte kein Zweifel darüber bestehen, daß ihr nun eine schwere Zeit bevorstand.

Plötzlich setzte sie sich aufrecht im Bett hin. Ihr war etwas eingefallen. Herberts Sekretärin war ja gar nicht blond! Sie war rothaarig! Rot wie ein Dachstuhlbrand! Rothaariger konnte man überhaupt nicht sein.

Aber das blonde Haar auf dem Kragen seines Sakkos? War das nicht . . . War es wirklich denkbar, daß . . . Hatte sie einen Justizmord begangen? Aber irgendwoher mußte das Haar doch kommen! Gab es dafür eine natürliche Erklärung? Hatte sie ihren lieben, guten Ehemann vielleicht grundlos umgebracht?

Ihr Herz schlug ihr inzwischen bis zum Hals. Das ganze Bett geriet in Bewegung. Ihre Lippen wurden trocken, Schweiß trat auf ihre Stirn, sie konnte kaum noch atmen. War sein Leben noch zu retten? Sie flog geradezu aus dem Bett. Sie mußte einen Notarzt holen, einen Rettungswagen. Schnell! Schnell! Sie lief zur Tür.

Im selben Augenblick ertönte Herberts Stimme:

»Wenn du schon aufstehst, Gwendolyn, dann such doch bitte mal meine Schlaftabletten. Ich habe wieder die ganze Nacht kein Auge zugemacht. Die Tabletten liegen in der Schachtel mit der Aufschrift ›Kopfschmerztabletten‹. In dem Fläschchen mit den Schlaftabletten sind nur meine Vitamintabletten.«

Gwendolyn warf sich mit einem glücklichen Schrei in seine Arme.

»Ach, Herbert! Geliebter!« jubelte sie.

Einen Augenblick später hatte sie ihm alles anvertraut.

Auch ihren Verdacht wegen des blonden Haares auf seinem Sakko.

»Ja, zum Donnerwetter, Liebste«, sagte er mit einem milden, vorwurfsvollen Kopfschütteln, »so etwas kann doch mal passieren, wenn man Direktor einer Perückenfabrik ist.«

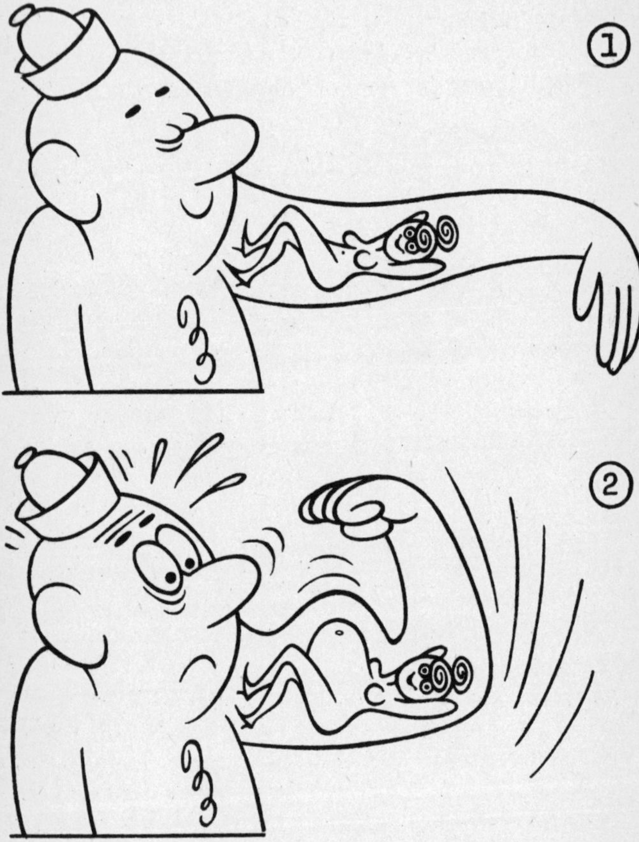

Dies ist die Geschichte eines draufgängerischen jungen Mannes, den seine Freundin versetzt hatte und der sich deshalb an allen hübschen jungen Mädchen, derer er habhaft werden konnte, rächen wollte.

Dort, wo der Bach den Wald entlangplätschert und die Grenze zwischen den hohen, schlanken Buchenstämmen und den stillen, ernsten Tannen bildet, saß ein junger Mann hoch oben auf dem Ast einer alten, knorrigen Eiche und hatte sich einen kräftigen Strick um den Hals gelegt. Es war klar ersichtlich, was er beabsichtigte. Er wollte nicht länger leben. Er wollte sich von dieser Welt, der schlechtesten aller Welten, verabschieden.

Das Mädchen, das die Schuld an allem trug, hieß Yvonne. Die beiden hatten sich einige Male getroffen, aber es war ihm einfach nicht gelungen, ihren Erwartungen zu entsprechen. Er hatte, wenn man so sagen darf, seine Büchse immer zu früh abgefeuert, noch ehe er über Kimme und Korn genau gezielt hatte. Bekanntlich passieren solche Dinge allzu eifrigen, aber unerfahrenen Jägern ziemlich häufig. Sie drükken ab, ohne das Wild voll zu treffen. Genug davon ... Yvonne hatte ihn sitzenlassen, hatte einen Nachfolger für ihn gefunden ... sein Leben war zerstört. Die ganze Nacht hindurch war er durch den Wald gelaufen, den Strick in der Hand. Nun wollte er Ernst machen. Vorher wollte er nur noch eine letzte Zigarette zu Ende rauchen, dann würde er vom Ast hinunterspringen.

Nur ein Sprung – und die treulose, allzu anspruchsvolle Yvonne würde sich zu Tode grämen und einsehen, daß er es gewesen war, den sie wirklich geliebt hatte. Zu spät! Sicher würde ihr die Nachricht von seinem tragischen Tod sehr nahegehen, und sie würde dann niemals mehr eine selige Stunde im Bett erleben. Zu spät, auf ewig zu spät!

Und das geschah ihr gerade recht.

Der junge Mann nahm einen tiefen Zug aus seiner Zigarette, dann ein Sprung – und fertig. Schluß mit allem! So leicht war es.

Auf dem Waldboden tummelten sich zwei muntere Elstern. Der junge Mann verfolgte sie mit seinen Blikken, während er an seiner Zigarette sog. Die Elstern waren ziemlich scharf aufeinander, in der Luft spürte man schon den Frühling, und die beiden Vögel hatten offenbar ein erotisches Spiel begonnen. Die haben es gut, dachte der junge Mann. Die haben keinen Herzenskummer und keine sexuellen Probleme, denen würde es jedenfalls nicht einfallen, sich deswegen das Leben zu nehmen.

Sich das Leben nehmen? Wäre das nicht eigentlich eine große Dummheit? Warum, zum Donnerwetter, wollte er sich etwas so Albernes vornehmen? Gab es nicht genug Mädchen auf der weiten Welt? Gab es nicht Tausende von willigen kleinen Küken, ja Millionen, die nichts anderes im Kopf hatten als etwas Erotik im Bett? Konnte er nicht heute abend ausgehen und sich ein neues Mädchen suchen? Ein Mädchen, das ihm die sexuelle Technik beibringen konnte, die ihn lieben würde, die ihm treu ergeben wäre und sich nicht in die Arme eines anderen werfen würde, nur weil es bei den ersten Malen nicht so recht klappen wollte.

Selbstverständlich konnte er ein anderes Mädchen

»Laß los, Junge! Aber langsam!«

finden! Mädchen gab es genug. Yvonne, dieses kleine, miese Biest, sollte sich bloß nicht einbilden, sie sei die einzige.

Der junge Mann pfiff den Elstern eine Melodie vor. Sie sprangen fast bis an den Fuß der Eiche und ließen sich dort zu einer kleinen Liebeseskapade hinreißen. Der junge Mann drückte die Zigarette auf dem Ast, auf dem er saß, aus. Er wollte die Kippe aufbewahren, bis er die Hauptstraße erreicht hatte, und dann würde er sein Glück als Anhalter versuchen.

Sodann wollte er umgehend eine neue Freundin zu finden versuchen – oder zwei. Er wollte sich ein paar wirklich scharfe Käfer anlachen. Und er würde der langweiligen Yvonne mit ihrem Wackelhintern nicht länger nachtrauern. Von jetzt an sollten Gefühle in seinen Beziehungen zu Mädchen überhaupt keine Rolle mehr spielen. Er würde sie demütigen, und dann würde er es kreuz und quer mit ihnen treiben, und sobald er ihrer überdrüssig wäre, würde er sie fallenlassen wie ein Paar ausrangierte Pantoffeln.

Er würde immer drei bis vier Mädchen gleichzeitig haben. Und wenn er mit der einen im Bett lag, sollten die anderen zu Hause sitzen und vor Verzweiflung und Eifersucht laut heulen wie die Schloßhunde, und ihm selbst wäre dann alles völlig egal. Hart und zynisch würde er sein. Er würde bumsen wie ein Wahnsinniger und sie dann sitzenlassen, sobald er die Nase von ihnen voll hatte.

»Hau ab, Alte«, würde er sagen und neue Mädchen suchen. Ob er Mädchen glücklich oder unglücklich machen würde, was ging es ihn an? Hauptsache er bekam das, was er haben wollte. Nur darauf sollte es ihm ankommen, darauf konnte man sich verlassen. Ja, so würde er von nun an vorgehen: Immer sofort und ohne Umwege direkt aufs Ziel los!

Mit einem munteren, optimistischen und lebensfrohen Pfiff sprang er vom Ast.

Aber in seinem Freudenrausch über all die Mädchen, die er erobern und unglücklich machen wollte, hatte er vergessen, den Strick vom Hals zu nehmen.

KAKADU
BAR
ET

»Wir haben Glück, Kunigunde, der Schlüssel lag unter der Matte!«

Dies ist die Geschichte der Gräfin von Callow Castle, ihrer irischen Kammerzofe, Sally O'Connor, und ihres aufdringlichen Verehrers, der beiden sein Herz geschenkt hatte.

Der Bischof von Cardiganshire rang verzweifelt die Hände, während er auf dem blankgescheuerten Eichenfußboden seines Studierzimmers auf und ab ging. Nach einem Großfeuer auf Callow Castle, dem größten Herrensitz der Grafschaft, waren ebenso unglaubliche wie schockierende Gerüchte an sein Ohr gedrungen, und er hatte deshalb den Erzdiakon von Holyham beauftragt, sich ohne Zögern nach Baconburn zu begeben, dem Bischofssitz, um ausführlich Bericht zu erstatten.

Endlich meldete der junge Hilfskaplan die Ankunft des Erzdiakons, und der Bischof ließ ihn eintreten.

Tief schockiert von den Ereignissen, kam der Geistliche ins Zimmer. Mit einer einladenden Handbewegung bot ihm der Bischof einen Platz an, während er selbst schwerfällig in seinen elisabethanischen Bischofsstuhl sank.

Nach einigen Augenblicken peinlicher Stille forderte ihn der Bischof auf, ohne Umschweife die volle Wahrheit zu sagen.

»Aber ich dulde nicht, daß Sie etwas vor mir verbergen, Andrew!« sagte er, während er den ausweichenden Blick des Erzdiakons festzuhalten versuchte. »Ich will die ganze Geschichte mit allen Einzelheiten erfahren, so fürchterlich sie auch sein mag.«

Der Erzdiakon von Holyham begann mit seinem Bericht. Er sprach vor lauter Eifer ganz abgehackt.

»Es ist, mit einem Wort gesagt, die schlimmste Skandalstory, die ich jemals gehört habe«, stieß er hervor. »Wie Sie wissen, ist neulich in der Nacht Callow Castle abgebrannt. Ein Blitz hatte in die Stallungen eingeschlagen, und es gelang den Rettungsmannschaften leider nicht, alle Tiere zu retten.«

»Das war schlimm«, räumte der Bischof von Cardiganshire ein, »aber es hätte schlimmer kommen können, Andrew.«

»Ich bin noch nicht fertig«, fuhr der Erzdiakon von Holyham mit unvermindertem Eifer fort. »Das Feuer griff mit großer Schnelligkeit auf das ganze Schloß über, und ehe es jemand verhindern konnte, fraß es sich durch die trockenen Holzbalken der Flure hindurch bis zum Schlafgemach der jungen Gräfin. Als die Bergungsmannschaften sich den Weg nach dort freigekämpft hatten, fanden sie die Gräfin in dem großen, breiten Himmelbett mit einer schweren Rauchvergiftung und ohne Bewußtsein.«

»Das war schlimm«, unterbrach ihn der Bischof von Cardiganshire, »aber es hätte schlimmer kommen können, Andrew.«

»Hören Sie mich bitte weiter an, ich bin ja nicht einmal halb fertig. Die Gräfin lag splitternackt in ihrem Bett, wie unser Herrgott sie geschaffen hatte, und an ihrer Seite fand man – halten Sie sich bitte fest, Herr Bischof – an ihrer Seite fand man – so nackt wie ein gerade geschlüpftes Vögelchen aus dem Ei – ihre irische Kammerzofe, die rothaarige Sally O'Connor.«

»Au«, flüsterte der Bischof von Cardiganshire betreten, »das ist schlimm, wirklich schlimm, Andrew ... Die gottesfürchtige junge Gräfin in einer derart kompromittierenden Situation! Aber lassen wir es uns zum Trost dienen: Es hätte viel schlimmer kommen können.«

»Sie wissen noch nicht die ganze Wahrheit, Herr Bischof. Es kommt ja noch viel schlimmer. Noch fehlt das vierte Rad am Wagen, wenn ich mich so ausdrükken darf. Zwischen den beiden splitternackten Damen fand man – ja, es fällt mir wirklich äußerst schwer, davon zu sprechen, der Himmel möge es mir verzeihen –, aber zwischen den beiden Frauen lag der junge Landpropst Billy Barrington, der Dekan von Sixpence Moors.«

»Das ist schlimm, Andrew«, stieß der Bischof von Cardiganshire hervor, während er nach Luft schnappte, »das ist schlimm und wirklich demütigend und zerstörerisch für unseren ganzen geistlichen Stand, aber trotzdem, Andrew, trotz allem: Es hätte viel schlimmer kommen können! Viel, viel schlimmer!«

Aber nun verlor der Erzdiakon gegenüber seinem hohen Vorgesetzten die Geduld.

»Nein, hören Sie, Herr Bischof«, sagte er, ohne den Versuch zu machen, seinen Ärger zu unterdrücken. »Sie sollten nun wirklich damit aufhören, ständig zu versichern, es hätte viel schlimmer kommen können. Was hätte denn viel schlimmer sein können, als daß Callow Castle bis auf die Grundmauern abbrennt, daß man die junge Gräfin und ihre schamlose Kammerzofe splitternackt im selben Bett findet und daß man obendrein, sozusagen als Krönung des Ganzen, einen jungen Geistlichen dabei findet? Alle drei so schamlos und kompliziert ineinander verflochten, daß man glauben konnte, der Knoten der drei nackten Körper würde sich nie lösen lassen. Bei der Keuschheit der Jungfrau Maria, Herr Bischof, was hätte denn da noch schlimmer sein können?«

»Doch«, kam es leise und vertraulich aus dem Mund des Bischofs, während er seine fleischigen weißen Hände zu einem stillen Dankgebet an die himmlischen Mächte über seinem Bauch faltete, »wenn Callow Castle am Wochenende abgebrannt wäre, als ich offiziell auf einer Dienstreise nach Holyham war, dann wäre ich das vierte Rad am Wagen gewesen!«

»Hallo, mein Fräulein, ich bin Ihr neuer Nachbar!«

»Ich habe meine Badehose vergessen!«

Dies ist die Geschichte von dem Ozeandampfer ›Golden Anchor‹ und dem aufdringlichen Passagier, der in einer lauen und romantischen Nacht eine Dame zu einem Mitternachtsdrink in seine Kabine einlud. In aller Harmlosigkeit, versteht sich.

Friedrich Finkelstein stand am Rande eines Nervenzusammenbruchs. Er war Direktor einer stattlichen Großhandelsfirma. Jeder, der die knallharte, unbarmherzige Konkurrenz im Geschäftsleben kennt, wird verstehen, daß Finkelstein eine schlaflose Nacht nach der anderen verbrachte. Er bekam erst Magengeschwüre, dann einen Herzinfarkt, und schließlich geriet er völlig aus dem Gleichgewicht.

»So kann es nicht weitergehen«, sagte seine Frau. »Du mußt etwas dagegen unternehmen. Sprich doch mal mit deinem Arzt darüber.«

Finkelstein ging zu seinem Arzt.

»Wissen Sie, was Sie tun sollten?« sagte der Arzt. »Sie brauchen einen längeren Erholungsurlaub. Natürlich könnte ich Ihnen eine Menge Pillen aufschreiben, aber damit kämen wir in Ihrem Fall nicht weiter. Was Ihnen fehlt, ist eine richtige Kreuzfahrt, eine schöne, ausgedehnte Seereise – aber ohne Ihre Frau! Sie brauchen Frieden und Stille, das ist einfach unerläßlich für Sie.«

Mit dieser Nachricht kam Finkelstein nach Hause. Seine Frau packte etwas säuerlich seine Koffer, und dann machte er sich auf und davon zu einer Kreuzfahrt um die ganze Welt.

Schon am ersten Tag an Bord des weißen Luxusdampfers ›Golden Anchor‹, als er es sich gerade mit einem Kriminalroman in einem Liegestuhl auf dem Promenadendeck bequem gemacht hatte, nahm eine hübsche, besonders gut gewachsene junge Frau an seiner Seite Platz. Die beiden kamen ins Gespräch, und bald folgte Finkelstein der jungen Dame an die Bar, wo sie ein paar Drinks zu sich nahmen. Später aßen sie zusammen an einem Tisch, und noch später schlenderten sie gemeinsam auf dem Promenadendeck umher.

Der Mond schien, das Meer glitzerte, die Nacht war von romantischer Lauheit, wie es die Nächte an Bord von weißen Luxusdampfern stets zu sein pflegen.

Vom Tanzsaal her hörte man die schmeichelnden Tangorhythmen des Schiffsorchesters. Die Luft war verheißungsvoll und voller Romantik. Finkelstein legte seinen Arm um die schmale Taille seiner jungen Begleiterin und fand ihre roten, leicht vibrierenden Lippen zu einem zärtlichen Kuß. Sie machte sich behutsam frei.

»Miß Morton! Ich . . .«

»Sag Dorothy zu mir«, erwiderte sie und schob sich ihre Zweitfrisur zurecht. »Es wäre doch albern, wenn Sie weiter Miß Morton zu mir sagten.«

Friedrich nannte sie Dorthy. Damit war er zwar schon weit gekommen, aber es war ihm noch nicht genug.

»Was hältst du von einem einzigen kleinen Gute-Nacht-Drink in meiner Kabine?« schlug er resolut vor und fügte beruhigend hinzu: »Natürlich in aller Harmlosigkeit.«

Unter diesen Umständen akzeptierte Dorothy die Einladung.

Noch vor Mitternacht gelang es Friedrich, sie in

seiner Kajüte auf dem Sofa in die Horizontale zu legen, wo sie aufgebracht und schon sehr kurzatmig gegen seine fleißigen Hände protestierte, die plötzlich überall an ihrem wohlgeformten Körper aufzutauchen schienen. Fummelnd, suchend, immer eifriger und gar nicht abzuschütteln, schien er plötzlich Dutzende von Händen zu haben, gegen die es auf die Dauer keinen Widerstand mehr gab. Eine einzelne Hand ließ sie schließlich kapitulierend dort liegen, wo sie war, und ehe sie recht wußte, was eigentlich passierte, da passierte es auch schon. Und wunderbar war es.

Hinterher – denn es gibt in solchen Fällen immer ein Hinterher – hinterher entdeckte Friedrich, daß sie nur dalag, ihren Kopf tief ins Kissen gepreßt, und hemmungslos weinte.

»Was ist denn los?« fragte er befremdet.

»Was ist los?« jammerte Dorothy, während ihr die Tränen über das Gesicht liefen. »Ich liege hier und liebe einen wildfremden Mann, und ich genieße jede Sekunde, ich – eine verheiratete Frau. Eine glücklich verheiratete Frau! Ich sollte mich schämen – mit zwei Kindern! Kaum bin ich von zu Hause fort, betrüge ich auch schon meinen Mann aufs schändlichste, meinen geliebten, treuen Harald.«

Sie bohrte ihren Kopf noch tiefer in das Kissen und schluchzte herzzerreißend.

Friedrich hatte wahrlich Stoff zum Nachdenken bekommen, denn sie hatte ja recht, sie sollte sich wirklich schämen. Und er sollte sich natürlich auch schämen. Ehe er recht wußte, wie ihm geschah, kullerten auch ihm die Tränen über die Wangen. Er weinte wie ein Kind, denn in Wirklichkeit liebte er ja seine richtige Frau, die er zu Hause gelassen hatte. Nun hatte er sie zum ersten Male betrogen. Er konnte sich gar nicht mehr erklären, wie alles zugegangen war. Die Sterne mußten schuld sein, die weichen Rhythmen des Tangos, das glitzernde Meer.

»Es ist schrecklich«, jammerte er, »meine arme Frau, meine geliebte Olga zu Hause! Sie, die mein ein und alles ist. Die Mutter meiner Kinder! Sie, die mir vertraut, wie mir noch nie ein Mensch vertraut hat, und ich liege hier und – ganz offen gesagt – bumse mit dir, daß das ganze Schiff bebt. Dorothy – du hast recht! Es ist gemein. Es ist wirklich gemein!«

Schluchzend bohrte Friedrich erneut seinen Kopf in sein Kissen, beschämt und voll tiefer Reue.

Zwei Monate später kehrte Friedrich Finkelstein von seiner weiten Seereise zurück. Wie vereinbart, suchte er seinen Arzt auf, um sich untersuchen zu lassen. Blutdruck, Herz, alle anderen Organe waren wieder normal.

»Vor zwei Monaten waren Sie ein Wrack, kaputt vom Streß, fix und fertig«, sagte der Arzt kopfschüttelnd, »heute sind Sie wieder gesund und munter wie ein Fisch im Wasser. Ich begreife einfach nicht, wie gut Sie sich erholt haben. Nur etwas ist mir rätselhaft: Warum sind Ihre Augen so rot und blutunterlaufen?«

»Das würden Ihre Augen auch sein, Herr Doktor«, rief Finkelstein kläglich, »wenn Sie sich zwei Monate lang Nacht für Nacht in den Schlaf geweint hätten!«

»Denken Sie an Ihren Blutdruck, Herr Hansen!«

»Die Spezialität des Hauses? Das bin ich!«

Dies ist die Geschichte von dem aufdringlichen Riviera-Gigolo, der den Popstar Barbara Lavelle zu vergewaltigen versuchte, während er ihren Mann mit seinem Revolver in Schach hielt.

Azurblaues Meer, Mimosen, Zitronenbäume, die das ganze Jahr blühen und fast ständig Frucht tragen, schaumgekrönte Wellen, die sich am Strand an den vielen kleinen Steinen brechen, schattenspendende Palmen, deren Kronen leise rauschen, riesige weiße Luxushotels mit prangenden Marmorfronten, ausladende königsblaue Markisen, Limousinen, Roulette, Spieltische, Glamour und Society, kurz gesagt: die Riviera.

Hier, genauer gesagt in dem noch immer recht eleganten Cannes, war der junge Diplomat im englischen Versorgungsministerium, Arthur Higgins, zusammen mit seiner blutjungen Frau, dem bekannten Fernsehstar, der Popsängerin Barbara Lavelle, auf der Hochzeitsreise gerade angekommen.

Die beiden waren sehr ineinander verschossen, aber bereits am ersten Abend geschah etwas, wodurch ihr junges Glück vollständig zerschlagen wurde. Sie hatten unter dem blau-weißen Sonnenschirm von Blue Bars einen Drink zu sich genommen und verfolgten von dort aus mit ihren Blicken den unaufhörlichen Strom von Menschen, der an ihnen auf der Croisette, der beliebten Strandpromenade von Cannes, vorüberzog. Dann kehrten sie Hand in Hand zu ihrem Hotel zurück, um sich zur Ruhe zu begeben.

Arthur hatte gerade die Tür sorgfältig hinter sich verschlossen, als ein breitschultriger, dunkelhaariger, gefährlich aussehender Kerl hervortrat, der sich hinter der Gardine verborgen hatte.

In der Hand hielt er einen Revolver.

Barbara stieß einen Schreckensschrei aus und wich ein paar Schritte zurück, während Arthur, vor Entsetzen gelähmt, wie angewurzelt stehen blieb. Fassungslos blickte er in die Revolvermündung, die direkt auf sein wild pochendes Herz gerichtet war.

»Mein Schmuck!« rief Barbara verzweifelt, als ihr Blick auf ihren Schmuckkoffer neben dem Toilettentisch fiel.

Der dunkelhaarige Hoteldieb entblößte seine weißen Zähne zu einem triumphierenden Lächeln, während er beiläufig Barbaras Schmuckstücke aus der Tasche zog.

»Ihr Schmuck befindet sich bereits in guten Händen, Madame!« sagte er und leerte mit schnellen, routinierten Griffen Arthurs Taschen von allen Wertgegenständen. Dann griff er nach einem der Lippenstifte auf dem Toilettentisch, bückte sich schnell und zeichnete damit einen Kreis um die Stelle, auf der Arthur stand.

»Wenn Sie es wagen, diesen Kreis zu verlassen, jage ich Ihnen eine Kugel durch den Schädel«, sagte er mit einer Stimme, die keinen Zweifel darüber ließ, wie ernst es ihm mit seiner Drohung war. Dann wandte er sich mit einem frechen, herausfordernden Lächeln an Barbara.

»Sie sind doch der bekannte englische Popstar Barbara Lavelle, nicht wahr?«

Barbara nickte.

»Hören Sie«, fuhr der Eindringling fort, »ich sah Sie bei der ›Melody Grand Prix‹, und seither träume ich

davon, eine Nacht mit Ihnen zu verbringen. Dieser Traum geht jetzt in Erfüllung.«

Er schaltete die Stereoanlage im Zimmer ein, und zärtliche Tanzmusik erklang. Einen Augenblick lauschte er, um den Rhythmus zu finden, dann legte er seinen Arm um die Taille der verstörten Barabara, zog sie an sich und begann mit ihr zu tanzen, während er ihren Hals mit Küssen bedeckte.

»So tu doch endlich etwas, Arthur«, bettelte sie verzweifelt.

»Wenn Sie den Kreis auch nur für eine Sekunde verlassen, haben Sie Zugluft im Kopf«, sagte der Hoteldieb und blickte Arthur warnend an.

Mit Armen, die ihm wie angeklebt am Körper hingen, stand Arthur mitten im Kreis, steif und unbeweglich wie ein Denkmal.

Als die Musik verstummte, bat der Dieb die junge Frau, auf dem weichen, mit seidenem Stoff bezogenen Sofa Platz zu nehmen, während er aus dem Barschrank zwei Gläser und eine Flasche Sekt holte. Sie weigerte sich zu trinken, aber der Kerl zwang sie dazu, indem er wieder mit dem Revolver auf Arthur zielte. Auf seiner Stirn hatten sich einige drohende Falten gebildet.

Etwas später drückte er sie rücklings ins Sofa zurück, küßte sie heftig und begann sie mit seinen frechen, unverschämten und draufgängerischen Fingern abzutasten.

Ja, er ging so weit, daß er ihr den Minislip herunterzog und sie der Länge nach aufs Sofa legte und dann – nein, dazu kam es nicht mehr, denn glücklicherweise hörte man Schritte und Stimmen draußen auf dem Gang. Er erhob sich mit einem wachsamen und nervösen Ausdruck in den Augen. Dann wurde an die Tür geklopft.

»Wer ist da?« rief er.

»Der Zimmerservice!«

»Einen Augenblick!« Blitzschnell riß er Barbara vom Sofa hoch, drückte sie an sich und gab ihr einen letzten stürmischen Kuß. Dann ging er rücklings bis zur Balkontür, während er seinen Revolver auf Arthur gerichtet hielt, schwang sich über das Geländer und verschwand an einem Baugerüst hinunter in die Tiefe.

Kaum war er weg, als Barbara zu Arthur hinüberlief und ihn am Kragen packte.

»Was bist du nur für ein Jammerlappen!« rief sie aufgebracht. »Du bleibst in diesem schwachsinnigen Kreis stehen und läßt es geschehen, daß dieser ekelhafte Kerl handgreiflich gegen mich wird. So etwas habe ich überhaupt noch nicht erlebt. Und einen solchen Riesentrottel wie dich habe ich geheiratet!«

»Ich habe ihn mehrfach reingelegt«, kicherte Arthur mit pfiffiger Miene. »Jedesmal, wenn der Kerl mir den Rücken zugedreht hat, bin ich mit einem Fuß aus dem Kreis hinausgetreten!«

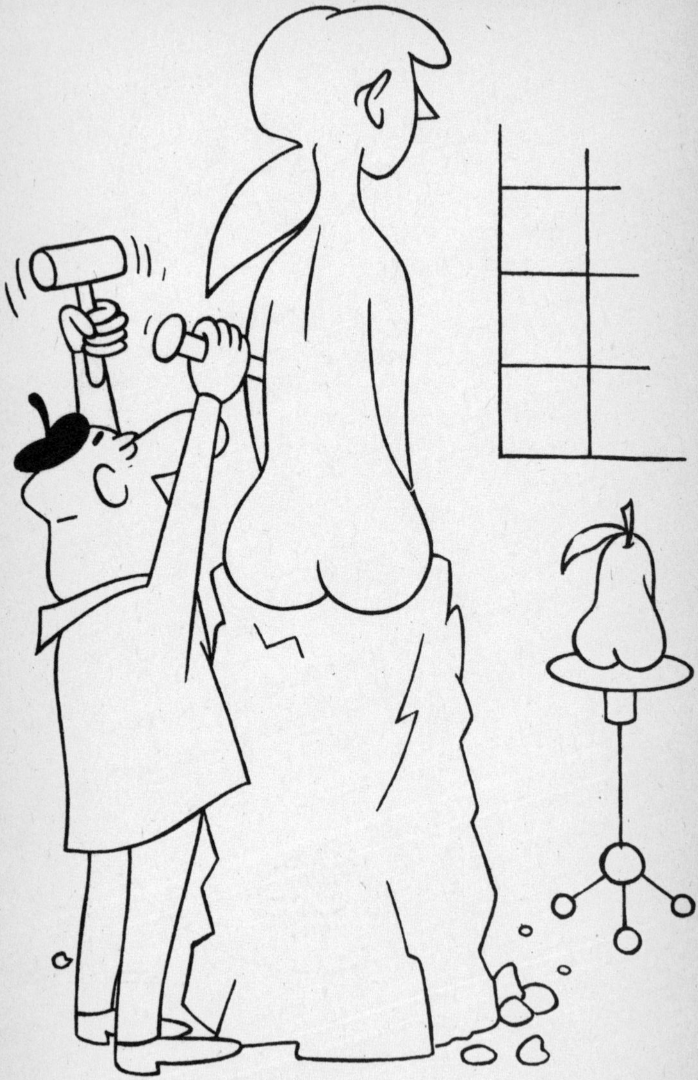

»Genug geredet für heute abend! In den nächsten zwei Stunden senden wir nonstop Musik!«